罗元生 著

华佗

苍生大医的人生传奇

中国出版集团有限公司
华文出版社

图书在版编目（CIP）数据

华佗：苍生大医的人生传奇 / 罗元生著. -- 北京：华文出版社，2024.5
ISBN 978-7-5075-5939-2

Ⅰ.①华… Ⅱ.①罗… Ⅲ.①华佗（?-208）-传记 Ⅳ.①K826.2

中国国家版本馆CIP数据核字（2024）第061210号

华佗：苍生大医的人生传奇

著　　者：	罗元生
策　　划：	胡　子
责任编辑：	寇　宁
出版发行：	华文出版社
地　　址：	北京市西城区广外大街305号8区2号楼
邮政编码：	100055
网　　址：	http://www.hwcbs.cn
电　　话：	总编室 010-58336239　　责任编辑 010-58336195
	发行部 010-58336267
经　　销：	新华书店
印　　刷：	三河市航远印刷有限公司
开　　本：	710mm×1000mm　1/16
印　　张：	17.5
字　　数：	196千字
版　　次：	2024年5月第1版
印　　次：	2024年5月第1次印刷
标准书号：	ISBN 978-7-5075-5939-2
定　　价：	68.00元

版权所有，侵权必究

自序

仰望苍生大医

对大多数人而言，步入中年之后，对童年的记忆就如清泉一样冒出。而在我记忆深处中最难忘的，就是童年农村的艰苦岁月。那时，除经济上的窘迫之外，就是害怕生病。

我出生在二十世纪六十年代末皖西南的贫困乡村，童年的我，天生体质不是很好，这让母亲日夜担心，怕我养不活。一方面，我出生时，母亲都40多岁了，没有奶水喂养我；另一方面，我经常性地小病不断。

大约在我6岁那年的夏天，一天夜里，我突然发了高烧，又哭又说胡话。母亲吓得紧紧地搂着我，不停地流泪。这时，她突然想起了一个人，以前当过村里的老师，后来不让他教书了，他便在家自学中医，自己上山采药，为村里左邻右舍看病。

深夜，母亲抱着我，推开了他的家门，央求他给我看病。

我至今仍记得，这位我记不住名字、母亲让我喊他叔叔的中年瘦高男子，摸了摸我的额头，看了看我的舌头，然后给了母亲一包他自己采制的草药，让母亲回家给我煎服。母亲感激地与这位叔叔告别。

回到家里，无精打采的我，喝完汤药之后就睡着了，一直睡到第二天上午9点多钟。奇怪的是，烧也退了，也有精神了。母亲一个劲儿地说："这人真是华佗啊！大家都说他又聪明又善良，是华佗再世！"

这是童年时的我，第一次听到"华佗"这个名字。

这个名字就像落在我生命里的一束光。

"谁是华佗，华佗是谁？"不谙世事的我心里产生了疑问。

不久，母亲告诉我：华佗是位古代名医，他不仅医术高，而且心肠好，他是大家心里敬仰的"神"。

母亲还说，华佗被称为"神医"，是因为他自幼聪慧，刻苦钻研，向老师学了医术之后，开始在民间奔走，免费为穷苦百姓看病，他亲口尝了很多的草药，努力钻研了上千个夜晚，为后人留下了宝贵的医学财富，被人尊称为神医华佗，以至于后来人们把杰出的医学人才称为"华佗再世"。

年少的我，从母亲的言语和神情中，已略略了解到华佗的情况。他就是我们生命的守护神，我对这位古代的"守护神"充满了好奇和敬意！

小学毕业后，我离开了村庄，到外地去上中学去了。回家时听村里人说，这位"华佗叔叔"已经去世了，是突然间离去的。当时，我读初中，放假时，母亲告诉我，让我到"华佗叔叔"坟前去烧个香。我心情沉重，到这个时候我才知道他的大名，这位同村的"华佗叔叔"我一直铭记在心中。

再后来，大学毕业后，我分配到了解放军总医院工作，接触医务人员也多了起来。

刚刚工作时，有一天，我睡觉后"落枕"了，头向一边偏。第

自 序

安徽亳州华祖庵华佗雕像（罗元生摄于2023年9月）

二天一上班，同办公室的老大哥就带我到医院的中医科，找了一位中医专家，给我推拿按摩，后又找了一个针灸专家大姐，给我扎了针、拔了罐，症状很快就缓解了。在我就诊时，我看到中医科诊室里，墙上挂着好多锦旗，其中有两面写着"华佗再世　妙手回春"的字。我想，这次我又遇到生活中的"华佗"了。

这是我第二次近距离接触"华佗"，看到"华佗"的名字。

回来后，我就想，这些中医治疗方法对我还真是有效。难道这些技术是华佗传下来的？我要去好好查查资料，理解透华佗这位传说中的名医，了解一下他究竟对后人、对现代医学有哪些深远的影响。

二十世纪九十年代初，文献资料来源非常有限，更谈不上有现在的"百度"。当时，我根据手头能找到的相对权威的资料，从文字中得到一些童年时母亲告诉我以外的、更多的有关"神医华佗"的情况：

华佗：苍生大医的人生传奇

华佗作为我国古代的一位民间医生，在他母亲的教育引导下，少年时就立下志向，一定要修得精深医术，为天下百姓救死扶伤。为了这个梦想，虽然有机会被举孝廉，他却给拒绝了。《后汉书·华佗传》载："沛相陈圭举孝廉，太尉黄琬辟，皆不就。"

不求名利、不慕富贵的医学精神，使他得以集中精力于医药研究。华佗经过数十年的医疗实践，熟练地掌握了养生、方药、针灸和手术等治疗手段，精通内、外、妇、儿各科，临证施治，诊断精确，针灸简捷，手术神奇，疗效神速，善于养生，被誉为"神医"。

华佗怀揣着一副济世的心肠，精研岐黄，并通数经，终于成功了，来他家就医的人越来越多，他常常能出奇招，令患者药到病除，且很少遭罪。为了改善乡邻的体质，他深居简出，云游四方，通过观摩虎、鹿、熊、猿、鸟的习性，创编了养生健身气功"五禽戏"，至今仍被养生专家称道、世界各地仍在演练。

华佗的高明之处，就在于他能够批判地继承前人的学术成果，在总结前人经验的基础上，创立新的学说。华佗所留医案，《三国志》中有十六则，《华佗别传》中五则，其他文献中五则，共二十六则，在先秦和两汉医家中是较多的。他发明了麻沸散，开创了世界麻醉药物的先例……

了解到华佗这些品德和才能，我眼前立即浮现出华佗顶天立地的神医形象。他，真可谓天下苍生的"救世主"，一身技艺，一颗仁心，无所不能。古往今来的医者，当以仁心治病救人，秉正气，行公正之道，担苍生之责，方可称得上"大医"，纵观在历史长河中那些医界的风云人物，华佗可配得上如此的称谓。

2019年的夏末秋初，为了写作《健康丝绸之路：中国国际卫生合作纪实》，我去安徽亳州进行采访。一下火车，就见到一尊华佗的铜像,我立即让同行的北京理工大学的陈昭彦博士用手机帮我在铜像前拍了一张照片。

亳州火车站广场华佗塑像(陈昭彦摄于2019年10月)

亳州,是华佗故里、中华药都。这座常年浸润着药香的城市,每天居民踏着或悠悠或匆匆的脚步从华佗铜像前走过,在他们心目中,华佗宛如一位慈善的邻家老人。

采访之余,我们到华祖庵参观。

华祖庵,原名华佗庙,坐落在亳州市谯城区,是安徽省重点文物保护单位,相传是一代神医华佗的故居所在地。

这里诞生过无数的传奇故事,也见证了一代神医华佗的生死浮沉。

到华祖庵时,正值亳菊盛开。无数美妙的金菊绽放于洗药池边,在微风的吹拂中,略带苦意的菊香和阳光一样温暖,与洗药池的绿水青苔、摇曳老树及沉吟的曼陀罗一起,让人仿佛越过近两千年的悠悠岁月,走近了华佗的身边。

现有的资料已经无法考证华祖庵确切建于何代,重修据记录是在清朝嘉庆年间。

传说安徽巡抚朱珊爱子患病,百医束手,恰有游方郎中路过,一剂痊愈。朱珊大喜,欲重谢,那郎中却分文不收,问及姓名,只说姓华,亳州人,不辞而去。朱珊有一次到亳州巡视,向知州询问亳州华姓名医,知州却遍访不得。朱珊偶游华祖庵,见塑像虽破败,但神情酷似那游方郎中,遂恍然悟为华祖显圣,于是下令重修华祖庵,并亲题正殿对联:五戏转灵枢道本皇轩仙位业,四轮消劫运功参帝释佛菩提。

安徽亳州华祖庵大门(罗元生摄于2019年10月)

灰墙黛瓦的华祖庵里,绿荫葱郁,游人如织。

这里,有着被誉为中国第一块药圃的古药园,园内百草丰茂,各色地产药材都有种植。据说,华佗一直亲自种植药材,每到春夏之交,草色如茵,百花展妍。古药园边的洗药池里碧波荡漾,它是华佗当年洗药所用,当初华佗从古药园里刨出来药材,就在这里洗去尘埃,然后分类炮制,救济苍生。

华祖庵里,桂树葱茏,华佗的石像前,参拜者摩肩接踵。

据当地朋友介绍，每年这里都有数以万计的人前来参拜华佗，只为求得心灵慰藉。洗药池青碧见底，游人在洗药池边纷纷弯下腰身，洗手净面，在洗药池里洗洗手，可以消融心中烦忧，还有洗尽人间铅华的意思，给人生留得一份怡然自得。

华佗之"佗"，有负载之意；负载者，以重物置其身也。这或许是他的命运与他名字的暗合。治病救人和仁心仁术成了他一生担负的行囊，于是有了《青囊书》《枕中灸刺经》，有了"五禽戏"，有了《内照图》，有了中医药文化在东汉末年的积聚与勃兴。

1962年，华祖庵增设了华佗纪念馆，并请郭沫若先生题写馆名。馆名写好之后，众人愕然。原来，郭沫若先生竟将"华佗纪念馆"的"佗"字写成了"陀"。

纪念馆负责人央人礼貌地询问郭沫若先生是不是写错了字。郭沫若先生答复：是故意为之。考虑到华佗先生的医术精湛，且有大爱之心，在人们心目中堪比活菩萨与佛陀，故而写作"陀"。这样一个字，浓缩了华佗一生的功德与世人对他的敬仰。

庵内有亭名为"自怡亭"，亭柱上刻一对联：自是闲云野鹤，怡然流水瑶琴。

华佗一生医患无数，有普通百姓，亦多达官贵人。如果他贪慕富贵，可以瞬间得到；如果他改了心志，也无人有权责难。但是，他没有。他一身书生风骨，神思如皓月朗朗，情致如白云悠悠。华佗是清风傲骨的，这是他成为苍生之大医的文化根基。

华祖庵有一副对联：医者刳腹，实别开岐圣门庭，谁知狱吏庸才，致使遗书归一炬；士贵洁身，岂屑侍奸雄左右，独憾史臣曲笔，反将厌事谤千秋。

这或许是华佗生平的写照。

华佗一生都在亲近草根，咀嚼痛苦，穿越战争，亲历苦难，遭遇厄运，直面死亡。他的故事，在这华祖庵里，每天都在传诵着——

"大哉元化，德昭天下。万世医表，大爱无疆。无贱无贵，无少无长。妙手回春，恩泽四方。"

他的人生，还在另一种层面上延续着。那不绝的香火，那四季的青黄更迭，那生动传神的五禽戏，还有那精巧而灿烂的亳菊，都在告诉着我们：他就在这里，就在那药圃里的洗药池边，正洗着他的曼陀罗……

需特别说明的是，本书中涉及的一些古方和诊疗手段，只是历史资料，不能临床应用。

罗元生

癸卯年十月十二日

目录

第一篇 从医之志

一、何为名医 何为"神医" …………………………… 3
二、华佗是谁 谁是华佗 …………………………… 11
三、为何学医 何为初心 …………………………… 17
四、如何拜师 真经何在 …………………………… 25
五、如何行医 行医为谁 …………………………… 30

第二篇 "神医"之术

外科鼻祖

一、中医外科学 …………………………… 41
二、华佗外科思想 …………………………… 47
三、发明"麻沸散" …………………………… 50
四、应用麻沸散 …………………………… 55
五、手术"草医堂" …………………………… 59
六、"救命如救火" …………………………… 64

妙手神针
一、针灸史与"针灸热" ……………………………… 67
二、首创夹脊穴针灸法 ……………………………… 74
三、"这叫穿心针" …………………………………… 77
四、针感与针灸传承 ………………………………… 80

内科调治
一、准确预判 ………………………………………… 85
二、对症施治 ………………………………………… 90
三、辨证施治 ………………………………………… 94

伤寒学说
一、伤寒学派 ………………………………………… 98
二、华佗伤寒理论 …………………………………… 101
三、华佗和张仲景伤寒学体系比较 ………………… 104

妇科理论
一、妇科治疗思想及方法 …………………………… 108
二、养胎学说 ………………………………………… 110
三、切脉知胎儿 ……………………………………… 113
四、孩子起名叫"拾钱" ……………………………… 116

心理疗法
一、情志疗法 ………………………………………… 119
二、灵活应用情志疗法 ……………………………… 121
三、这叫"疑心病" …………………………………… 123

目 录

防治疫病
  一、"安乐菜"真是一味好药 …………… 132
  二、治寄生虫病 …………………………… 135
  三、屠苏酒与金针菜 ……………………… 138

巧治疑杂
  一、探试疗法 ……………………………… 142
  二、以毒攻毒 ……………………………… 143
  三、单方治病 ……………………………… 146

第三篇　民医之药

  一、何为"中药" …………………………… 151
  二、博大精深的中药文化 ………………… 154
  三、发现青黏 ……………………………… 159
  四、发现紫苏 ……………………………… 161
  五、发明青苔膏 …………………………… 163
  六、发现曼陀罗 …………………………… 165
  七、发现"芍药""华佗草" ……………… 169
  八、发现三月茵陈 ………………………… 172
  九、"乌鸡白凤丸""打老儿丸" ………… 175
  十、华佗故里草药香 ……………………… 177

第四篇　仁医之养

  一、"五禽戏"的灵感来源 ……………… 185
  二、"五禽戏"的运动特征 ……………… 188

三、"五禽戏"的练习方法 …………………………… 192
四、"五禽戏"的思想根基 …………………………… 194
五、"五禽戏"的文化传承 …………………………… 196

第五篇 良医之殇

一、小人暗算与牢狱之灾 ……………………………… 203
二、爱情之甜与失子之痛 ……………………………… 207
三、初见曹操与拒做侍医 ……………………………… 213
四、延期返都与杀身之祸 ……………………………… 219
五、神医凋落与焚书之憾 ……………………………… 230
六、曹操之悔与时代之悲 ……………………………… 234
七、多地建庙与后世之念 ……………………………… 239

第六篇 大医之光

一、华佗的医学哲学观 ………………………………… 245
二、华佗的医学人文观 ………………………………… 248
三、华佗的医学教育观 ………………………………… 250
四、华佗的医学创新观 ………………………………… 254

后记 ……………………………………………………… 257
主要参考书目 …………………………………………… 261

第一篇 从医之志

华佗拜了师傅，成为蔡医生的学徒。母亲的去世激发了华佗发愤学医、普济众生的决心。学医过程中，只有华佗不怕脏，不怕累，背患者上山下山。因此，华佗获得了老医生宝贵的医书，并学得了高明的医技。

一、何为名医　何为"神医"

古往今来，人们对医者总是敬仰的、尊敬的。这是因为这个职业特殊，"人命千金"，而"救人一命，胜造七级浮屠"。美国思想家爱默生用朴素的语言道出了医学的本质，他说，"只要生命还可珍贵，医生这个职业就永远备受崇拜"。就像在前几年抗击新冠疫情这场没有硝烟的战斗中，奋战在最前沿的就是医生，人们称之为"白衣战士""再世华佗"，对他们心怀敬仰和感佩。其中，中医立下了特殊的赫赫战功。

中国在世界医学史上独树一帜，是原创的生命科学。说到中医，我们不得不提及华佗，他是中医文化、中医智慧和中医精神的杰出代表；写到华佗，我们不能不思考中医、感悟中医，因为在华佗身上我们可看到中医的神奇与魅力。

说起中医，我们有必要回顾一下中医的特色及源远流长的历史脉络。

中医是科学，既不是"玄学"，也不是"神学"，而是中华民族传统文化的重要组成部分。

金朝医学家刘完素说："夫医教者，源自伏羲，流于神农，注于黄帝，行于万世，合于无穷，本乎大道，法乎自然之理。"[①]在他眼里，中医源远流长，合乎大道，中医学也是哲学、人学。

---

① 刘完素(1120—1200)，字守真，金河间(今河北河间市)人，故后人又称之为刘河间。25 岁时深研《内经》，是金元四大家之首。

在数千年的发展过程中，中医学不断吸收和融合各个时期先进的科学技术和人文思想，不断创新发展，理论体系日趋完善，技术方法更加丰富，形成了鲜明的特点。

中医认为人与自然、人与社会是一个相互联系、不可分割的统一体，人体内部也是一个有机的整体，重视自然环境和社会环境对健康与疾病的影响，认为精神与形体密不可分，强调生理和心理的协同关系，重视生理与心理在健康与疾病中的相互影响。

中医强调和谐对健康具有重要作用，认为人的健康源于各脏腑功能的协调，情志表达的适度中和，对不同环境的顺应，根本上源于阴阳的动态平衡。疾病的发生，其根本是在内、外因素作用下，人的整体功能失去动态平衡。维护健康就是维护人的整体功能动态平衡，治疗疾病就是使失去动态平衡的整体功能恢复到和谐状态。

中医诊疗强调因人、因时、因地制宜，体现为"辨证论治"。"辨证"，就是将四诊（望、闻、问、切）所采集的症状、体征等个体信息，通过分析、综合，判断为某种证候。"论治"，就是根据辨证结果确定相应治疗方法。中医诊疗着眼于"病的人"，而不仅是"人的病"，着眼于调整致病因子作用于人体后整体功能失调的状态。

中医突出"治未病"。"治未病"核心体现为"预防为主"，重在"未病先防、既病防变、瘥后防复"。中医强调生活方式和健康有着密切关系，主张以养生为要务，认为可通过情志调摄、劳逸适度、膳食合理、起居有常等保持健康，也可根据不同体质或状态给予适当干预，以养神健体，培育正气，提高抗邪能力，从而达到保健和防病效果。

中医使用的治疗方法也较简便。诊断主要由医生通过望、闻、问、切等方法收集患者资料,不依赖于各种复杂的仪器设备。中医的干预方式既有药物治疗,也有针灸、推拿、拔罐、刮痧等非药物疗法。许多非药物疗法不需要复杂器具,其所需器具(如小夹板、刮痧板、火罐等)往往可以就地取材,易于推广使用。

与西医相比,中医的人文属性很突出,它的发展根植于中国传统文化,其有效性为两千多年的中医学实践所证明。

中华人民共和国成立后,党和政府高度重视中医事业的发展,中医外科进入了一个历史发展新阶段。

1950年卫生部召开中华人民共和国建立后第一届全国卫生工作会议。毛泽东主席应会议领导之请求,接见了卫生部与各大行政区卫生部部分领导,正是在这次接见中,主席询问:你们西医有多少?中医有多少?他向卫生部门领导强调中西医团结合作的重要性,同时为大会题词:"团结新老中西各部分医药卫生工作人员,组成巩固的统一战线,为开展伟大的人民卫生工作而奋斗。"会议在毛主席的指引下,总结革命时期卫生工作经验,制定了"面向工农兵,预防为主,团结中西医"的卫生工作三大方针。

1953年12月,毛泽东在听取卫生部副部长贺诚汇报工作时,给予中医高度评价:"我们中国如果说有东西贡献全世界,我看中医是一项。我们的西医少,广大人民迫切需要,在目前是依靠中医。对中医的团结要加强,对中西医要有正确的认识。"

施今墨被毛泽东称为"南北驰名的名医",他曾多次为周总理看病,深得周总理的赞赏。1953年4月,周总理在中南海接见了施今墨。周总理说:"施老先生,我想请你当老师,谈谈祖国医学事业的发展问题,这是当务之急啊!"①

---

① 张永和、张婧:《大国医施今墨》,华文出版社,2021,第219页。

施老向周总理倾吐了埋藏在心中很久的愿望——希望成立中医研究院、中医医院、中医学院……

总理听完后说:"在新中国,中医一定会有新的发展、新的变化。我们不但要让中医在国内占有重要的地位,还要把它介绍到国外去,让西方懂得,中医是人类医学宝库中的重要财富。"

施今墨每次为总理诊治疾病,总理总要亲切地询问施老的身体和工作情况,并与他商谈发展中医中药之事。

1954年,国家首先在北京成立了中医研究院,之后各省、自治区、直辖市先后成立了中医药研究院(所)。

中医学在千百年里,没有半途而废,而且创造了一个又一个奇迹。

在西方医学尚未流入我国之前,中医本不叫中医,而是有丰富的称谓,其四大别称为岐黄、青囊、杏林和悬壶。

岐黄,这个名字来源于《黄帝内经》。《黄帝内经》是黄帝与岐伯讨论医学的专著,医学称为岐黄之术,岐黄自然成了中医的别名。

青囊,来源于名医华佗的历史典故。有史料记载,华佗被杀前,为报一狱吏酒肉侍奉之恩,曾将所用医书装满一青囊送与他。华佗死后,狱吏亦行医,使华佗的部分医术流传下来。后人由此称中医为青囊。

杏林,源自名医董奉治病救人的故事。史料上说,三国时吴国有位名医叫董奉,一度隐居江西庐山。附近百姓闻名求医,董奉从不收取钱财,只求轻症治愈者种一棵杏树,大病重病治愈者种五棵杏树。几年一过,庐山南麓一带的杏树多达十万株之多。杏子成熟后,董奉又将杏子变卖成粮食,用来救济当地贫苦百姓和南来北往逃荒的饥民，一年之中施舍的粮食就达数十万斗。董奉行医济世的高尚品德，赢得了百姓的普遍敬仰，从而孕育了杏林文化。

悬壶，与古代修道求仙的一个传说有关。一天，东汉名医费长房，看到一位竹杖上挂了葫芦的老人在集市上卖药，天黑散街后，那位壶翁跳入葫芦中，当时只有费长房一人看到，费长房颇感奇怪。为了弄清壶翁的来历，费长房以酒款待。壶翁知其意图后，让费长房隔日再来。壶翁邀他一起进入葫芦，只见葫芦内布置整齐华美，佳肴满桌，费长房立刻拜壶翁为师，学习医术和修仙之道。几年后，费长房也开始悬壶济世行医。这个带有神话色彩的传说，即是中医之悬壶称谓的由来。

其实，"医生"作为医务人员的代称，也是一步步演化而来的。

早在周代，对医务人员已有不同的称呼。当时将包括医生在内具有技艺的劳动者统称为"工"，将医术高明的医生尊称为"上工"或"良工"。《灵枢·邪气藏府病形》曰："问其病，知其处，命曰工。"此后人们又将内科医生称"疾医"，外科医生称为"疡医"，管理帝王饮食卫生的医生称为"食医"。从宋代开始北方人尊称医生为大（dài）夫，一直沿用至今。

关于医生一词的来源，除了周代医官名"疾医"等，春秋战国时期典籍中就已有"医师"称谓，汉代景帝时改称"太常"。北魏设置"太医博士"，负责传授医学知识。东汉曹魏时设置"太医令"，隋唐改称"太医署令"，为管理医疗的官职。唐代还设"药园师"（后称"药师"），负责采办药品。

唐代开始出现"医生"一词，但古代"医生"之名没有现在的医生之义，而是指在医学中就读的学生。

"医士"称呼首见于北宋，"郎中"和"大夫"称呼均始于宋代。明清太医院长官称为"院使",下设御医、吏目、医士数十人,主要为宫廷、皇族服务。

宋代开始设置以"大夫"为名称的医官,医官中最高级的尊称"大夫",其次称"郎中",以下称"医效"等。因为"大夫"是医官中最高的职位,所以把"大夫"作为医生的尊称。又因为医官中也有"郎中"一职,所以也把医生称为"郎中"。

但"大夫"和"郎中"略有区别。一般将设馆从医(坐堂行医)的医生称作"大夫",把走串于乡间的医生叫作"郎中"或"方医""铃医"。就地域而言,早年间北方习惯称医生为"大夫",而南方则习惯称医生为"郎中"。

据史载,太医院的"大夫"分4个级别,一等称"御医",只有13人;二等称"吏目",有26人;三等称"医士",有20人;四等称"医生",有30人(相当于现在医院里的助理医师)。

从严格意义上说,太医院的"御医""吏目""医士"可以独立看病,即有处方权,而"医生"只能当助手。"医生"的"生"字,是"生员"的意思,即"见习大夫"。

早年间多将医生尊称为"先生",到医院看病谓之"看先生",请医生上门就诊谓之"请先生"。此称呼据传源于医生所开处方。早年间医术高超的医生都写得一手好字,所开处方尽显其书法功底,不仅美观大方,而且清晰易读,所以将医生视为学识渊博者,称之为"先生"。

到了宋代,社会对医者的看法才发生改变,儒者开始介入医疗领域,把医病救人看作等同于经世济民的"大道"。

推动这种变化的是名臣范仲淹。

史载,范仲淹寒微时,曾到灵祠买卦求卜。他先祷告:"他时得位相乎？"卦象不许。他又祷告："不然，愿为良医。"卦象亦不许。他失望感慨："夫不能利泽生民，非大丈夫平生之志。"旦日有人问他："大丈夫之志于相，理则当然。良医之技，君何愿焉？无乃失于卑耶？"范仲淹叹息着表示，为百姓谋福莫过宰相；若不成，要以自身所学惠及百姓，莫过行医。做良医，上疗君亲疾，下救贫民厄，中保身长年，也很好。

在范仲淹看来，治国医人，道理相通。他后来推行庆历新政，就是在为国家开药方。难能可贵的是，他做官亦不忘行医，比如好友尹洙生病，他亲手配制花蛇散，连同药方服法一并寄去；兄长范仲温患病，他寄送药物，叮嘱如何调养；听说瘟疫流行，他写信告知各界辟瘟之法，并要求广为宣传。

在范仲淹的影响下，"不为良相，便为良医"成为风行天下的儒士箴言，医术也成了仁术。

千百年来，人们赞美"良医"、崇敬"良医"。而华佗，在百姓心目中不仅是良医，更是"神医"。

华佗到底"神"在哪里？应该说，首先"神"在他的高超技艺，而从本质上来说，是"神"在他的心，他的大爱仁心。他如菩萨般慈爱善良，让天下苍生视之为神灵。

华佗毕生爽朗热情，淡泊名利，一心一意为平民百姓治病。他只愿做一个平凡的民间医生，用自己的医术来解除病人的痛苦，行医足迹遍及今江苏、山东、河南、安徽部分地区。经他医治的很多病人都能痊愈，他因此深受广大人民的热爱，人们称赞他为"神医"。

华佗的医术，千百年来脍炙人口，据说，他在东汉时便已经可以施用打开腹腔的外科手术，然后再使用针线缝合，和现代医术如出一辙。

《三国志》记载，华佗医术神乎其神："病若在肠中，便断肠湔洗，缝腹膏摩，四五日差，不痛，人亦不自寤，一月之间，即平复矣。"

裴松之注记载："十余日中，鬓眉堕落。佗曰：'是脾半腐，可刳腹养治也。'使饮药令卧，破腹就视，脾果半腐坏。以刀断之，刮去恶肉，以膏敷疮，饮之以药，百日平复。"

华佗在近2000年前就可以进行脾脏摘除手术，足见其医术之高明。

对神医之"神"的最好阐释，莫过于传说之中的"刮骨疗毒"。

作为一员猛将，关羽可谓战功赫赫。相传，华佗曾为他治疗右臂箭伤，不仅艺高胆大，实施在无麻醉状况下的刮骨术，而且善用心理治疗的情志疗法，三次用激将法激发关羽的意志和毅力，让他最大限度地忍受刮骨之痛，使手术最终安全圆满。

华佗为关羽刮骨疗毒，这是《三国演义》和湖北《襄阳府志》上写的，在民间广为流传，不过其实是虚构故事，带些夸张成分。

罗贯中在《三国演义》中，用诗句表达了对华佗高超医术的敬佩之情，对其技艺的精湛大加赞赏，说他是医中的圣手。

华佗的"神医"形象，随着《三国演义》的广泛流传而家喻户晓、妇孺皆知，其高超的医术、高尚的医德为中医药学史增添了光辉的一页。

今天我们耳熟能详的形容华佗的成语，有"妙手回春""起死回生"等，这些就是对他最高的赞誉。

二、华佗是谁　谁是华佗

东汉末年一个九九重阳之日，一个小生命在亳州谯郡（今安徽亳州市谯城区）的一个小村庄呱呱坠地。

谁也没有想到，这个新生的婴儿就是后来的一代名医华佗。（现在，人们把阳历的9月9日看作华佗的诞生日，近几十年大多于这一天在亳州举办国际中医药博览会暨全国中药材交易会，纪念华佗并弘扬中医药文化。）

关于华佗的出生，民间还流传着这样的传说。

据说，华母得知自己有了身孕之后，便去寺庙烧香祈福。在返回的路上，她感到身体有些疲倦，便倚靠在一棵参天古树下小憩，不知不觉间就进入了梦乡。她梦见一位仙人飘然而至，赠予她一本小小的红色帛书，内有四句脉法口诀。片刻醒来，华母方知是一场梦。但事后回味，她顿觉此梦蕴含祥瑞之意，是神明保佑腹中胎儿。

亳州，物华天宝，人杰地灵；涡水汤汤，千载不息。亳州夏时属豫州，周初是神农氏后裔的封地之一，置焦国。春秋时期，焦属陈国，陈于此建焦城，后楚灭陈，筑谯城（今谯城区）。谯城所辖区域扩大到苦（今涡阳县）、蒙（今蒙城县）及周边地区，置焦国。秦时置谯县，属砀郡。汉时先后属豫州、沛国治，建安末年设谯郡，魏黄初二年（221）封谯郡为"陪都"，与许昌、长安、洛阳、邺并称"五都"。

华氏家族本是一个望族，世居沛国谯县，是宋国贵族华氏之后。东汉的谯县主要包括今天安徽省的亳州市，还有河南省永城市的一小部分，华氏后裔中有一支定居于今天安徽省亳州市以北十余里处一个风景秀丽的小村庄，现在被称为"小华庄"（又名华家庄）。

这一地理位置，在春秋时期属于宋国的管辖范围，可是到华佗的时候家族已经开始衰微，华佗出生的时候，他的家境十分贫寒。

民间相传华佗父亲名叫华文，家里无地无业，母亲曾氏，据说是春秋时曾参的后裔，幼时随父母由山东逃荒来到华家庄落户，后来与华文结为夫妻。全家人靠父亲教书，母亲养蚕织布为生。

华佗的故乡华家庄，就在当时的谯郡。这个村庄又叫斗武营，是个武术之乡。大人小孩在劳动之余，喜欢挥几下拳脚，舞几下棍棒，舒活筋络，所以，这地方的人，身体都很强健。后来，斗武营这个名字叫开了，但当地老百姓认为这个名字有些野蛮，就慢慢根据"斗武"的谐音叫成"豆腐"营。俗话说："青菜豆腐保平安！"这个名字，人们说着也服帖。可是到了汉朝末年，处处兵荒马乱，年年饥荒，生病的、死的人都很多。

据《三国志》记载："华佗字元化……一名旉。"

按照中国古代人取名命字的传统习惯，人的名与字的含义往往是相互关联的，二者或意义相反，或意义相近，或意义相辅相成，或都来自某一典故。

华佗也不例外。"佗"在古代是"负荷"的意思。再看华佗的字"元化"，意思是天地造化。

另一个作为华佗之名的"旉"字，也就是"敷"，最初见于《周易·说卦》"震为雷，为龙，为玄黄，为旉"，是"春天将至，草木生长"的意思，即生长繁盛。

据此可知，华佗的名与字，在意义上联系密切，完全符合中国古人取名命字的原则。

从华佗的名和字即可看出，家族对他寄托了莫大的希望和殷切的期盼。华佗也确实做到了不负众望。

华佗自幼刻苦攻读经史，熟练地掌握了《尚书》《诗经》《周易》《礼记》《春秋》等古籍，逐渐具有了较高的文化素养。

在华佗成长的过程中，除受到中原文化的熏陶外，盛产药材的家乡也给他以不少的影响。

华佗的家乡，气候温和，光照充足，雨量适中，四季分明，涡河左岸自谯县流过，这样的气候和生态环境，非常适合药材生长，再加水陆交通较为发达，谯县自古就是一个药材的集散中心。幼年的华佗在攻读经史的同时，也留心于医药，当地父老传说他曾在泥台店一带读书养性，学医识药。

华佗生于何时，死于哪年，活了多大岁数？《三国志·华佗传》及《后汉书·华佗传》均语焉不详，致使历代众说纷纭，莫衷一是。

唐应光著《中国古代医学家的故事》认为华佗生于145年，卒于208年，年龄63岁。吴海林、李延沛合编的《中国历史人物生卒年表》，认为华佗生于142年，卒于203年，年龄61岁。光明中医函授大学主编的《中国医学发展史概要》提到华佗约生于141年，卒于208年，存世67岁。学者李灿在《华佗生卒年月和死因浅析》一文中，考证华佗生于东汉中叶安帝永初二年，卒于东汉晚期建安九年，即108年至204年，享年97岁。当然，这也仅仅是一家之言。

根据目前相关的史料记载，对于华佗的生卒年代，大略的考证如下：

根据《三国志·华佗传》记载，华佗被曹操杀害之后："太祖（即曹操）头风未除。太祖曰：'佗能愈此。小人养吾病，欲以自重，然吾不杀此子，亦终当不为我断此根原耳。'及后，爱子仓舒病困，太祖叹曰：'吾悔杀华佗，令此儿强死也。'"仓舒就是那个聪慧绝顶，以舟称象的曹冲，于建安十三年（208）患病，虽经曹操亲自请医治疗，不幸于当年身亡。曹冲自幼聪明过人，为曹操所特宠，但身体虚弱，经常患病，华佗多次为曹冲诊治，效果十分好。因此，当曹冲12岁（虚岁13岁）病逝时，曹操甚为悲痛，由此而忆起华佗，悔恨当初冲动地处死华佗。

由此可见，华佗死在仓舒之前。但仓舒究竟是何年何月死的呢？《三国志》对此有确切记载，该书卷二十《邓哀王传》中说："邓哀王冲，字仓舒。……年十三，建安十三年疾病，太祖亲为请命。及亡，哀甚。"

从这条史料可以断定，至少在建安十三年（208）仓舒去世时华佗已不在人世了。史书还记载："后太祖亲理，得病笃重，使佗专视。"什么是"亲理"呢？在这里只能把它理解为亲理朝政。

查曹操年表，建安元年（196）曹操把汉献帝接过来，定都许昌，献帝封曹操为大将军，封武平侯；曹操把大将军的称号让给袁绍后，汉献帝又给曹操司空职位、行车骑将军事；建安九年（204）曹操领冀州牧；建安十三年（208）六月为丞相。这就是建安十三年（含此年）以前曹操接受官爵的情况，那么，谈得上名副其实地"亲理"朝政，恐怕只是在曹操建安十三年为丞相的时候。因而可以推论，华佗在建安十年（205）左右与曹操结识，侍奉在曹操左右，三年后曹操做了丞相，华佗开始"专视"，即专门为曹操诊治疾病，后归家逾期不返，为曹操拷打而死。稍后，在建安十三年（华佗被杀同年）曹冲病重时，曹操马上想起了不久前被他杀害的华佗，因而后悔不已。

又据《晋书·景帝纪》记载："初，帝目有瘤疾，使医割之。"沈约《宋书》载："景王婴孩时有目疾，宣王（司马懿）令华佗治之，出眼瞳割去疾而内之以药。"景王即司马师，他死于高贵乡公正元二年（255），时年48岁（虚岁），上溯47年，即生于建安十三年（208）。按初生或周岁内小儿称婴儿，司马师在婴儿时生目瘤，司马懿令华佗为其割目瘤，虽然"出瞳割瘤"似有夸大，但华佗为司马师治疗目疾是可靠的。

据以上史料推论，华佗死于208年是可信的。

那么华佗生于何时呢？这还是要从史书的记载中寻找蛛丝马迹。

据《三国志·华佗传》记载："沛相陈珪举孝廉，太尉黄琬辟，皆不就。"

陈珪、黄琬是何人？《后汉书》卷六十一《黄琬传》记载："及董卓秉政，以琬名臣，征为司徒，迁太尉……卓议迁都长安，琬与司徒杨彪同谏，不从。……琬竟坐免。"

又同书卷九《献帝纪》载，中平六年（189）"十一月癸酉，董卓自为相国。十二月戊戌，司徒黄琬为太尉"。初平元年（190）"二月乙亥，太尉黄琬、司徒杨彪免"。

也就是说，黄琬189年至190年间为太尉。辟举华佗应该就是这个时候。

《后汉书·陈球传》载："弟子珪，沛相。"李贤注引《谢承书》

曰:"球弟子珪,字汉瑜。举孝廉,剧令,去官,举茂才,济北相。"陈珪何时任济北相,又何时转任沛相,无明确时间记载。

然而,陈珪任沛相的事迹散见于《三国志》卷六《袁术传》和卷七《吕布传》,《吕布传》记载,袁术曾谋与吕布联姻,因沛相陈珪离间计未成,后吕布与袁术交战,用陈珪的计谋,大败袁术的大将张勋,这事发生在建安二年(197),可推测袁术写信给陈珪是初平三年(192)。

依此可以推知,陈珪约于初平三年(192)到建安二年(197)在沛相任上。举华佗为孝廉,当在此期间。以上史实也可以说明,黄琬辟举华佗在前,陈珪举孝廉在后。

又据《后汉书》卷六《顺帝纪》载,阳嘉元年(132)冬十一月:"辛卯,初令郡国举孝廉,限年四十以上。"从此开始,东汉举孝廉要年满40岁才有资格。这是一般规定,对那些巨族、大臣的子孙,会有例外,并非完全按照此条例行事,如曹操在20岁的时候就被举为孝廉;但是对于出身寒门的华佗来说,应当不会破例,只有他年满四十,又成为德高望重的学者,才具备举孝廉的资格。

因此,陈珪在192年至197年间任沛相期间,推举华佗为孝廉,此时华佗应当大概四五十岁左右,向上回溯50年,为顺帝汉安元年(142)至桓帝建和元年(147),这大致为华佗诞生的年代。

《后汉书·华佗传》有华佗"年且百岁而犹有壮容,时人以为仙"的记载,有他寿至一百五六十岁仍保持着六十多岁的容貌,而且鹤发童颜的记载。

"百岁"一词是"天年之概",而非实数。由于世人的"天年"不尽相同,也不可能个个都达到"百岁",民间出于吉利,往往习惯用"百岁"来形容健在的老年长辈或已故的可尊敬者,虽然他们不一定真的百岁。《三国志·华佗传》中"年且百岁而犹有壮容"句，也不一定是实指华佗已年近百岁。

在中华民族的历史上，医、巫曾经同源，医一开始就被披上神秘面纱，加之人们对生命健康的渴求，许多医术高超、医德高尚、济世救人的名医跻身神灵之列，为人们所信仰，成为人们心目中治疗疾病之神。

从现在的眼光来看，由于一些感情因素，华佗在人们心中，比起现实的人，更像一个集美善于一身的具有超越性的精神象征，已经凝固成了一个文化符号，是中华民族守望健康的理想寄托。

历史中的华佗究竟怎样已经不再重要，因为人们需要在一个具体可感的历史形象中赋予自己的理想人格和价值，华佗承担了这项使命。

华佗的意义不仅在于他是一位好医生，而且在于他是中国医学发达的代表。

华佗的形象象征着人类追求健康的精神诉求，同时也是人类美好理想的寄托。

三、为何学医　何为初心

传说，在华佗7岁时的一天，父亲带着他到城里看当地富豪斗拳比武，回家后华佗的父亲忽然得了肚子疼的急病，由于没能得到及时医治，就这样告别了人世。

从此，父亲撇下孤儿寡母。

相传华佗本来还有一个哥哥叫华明，可是哥哥被抓去充军，一去不返，音信全无。贫困多难的家庭，只有幼小的华佗和母亲相依为命，苦度日月。

华佗的母亲是个善良勤劳的妇女，为人贤德，家中生活虽很艰苦，但她咬紧牙关，以纺纱、织布、养蚕支撑着。

尽管家里一穷二白，华佗却从小爱好读书，有钻研精神，尤其是对医学非常感兴趣。

有一天，母亲把7岁的华佗叫到面前，对他说："儿呀！你父亲已经走了，丢下了我们娘俩，我一个妇道人家，织布也没有本钱，今后咱娘俩怎么生活！可是，你父亲生前就讲过，再苦再穷，也让我想法子，给你读几年书、识几个字啊！"

当时正值兵荒马乱，瘟疫流行，尤其是宦官当道，捐税徭役繁重，家家顾命不得，谁还有心叫孩子上学？然而，坚强的母亲硬是咬着牙，在华佗8岁时，将他送到村里私塾。

华佗聪颖过人，先生教的课文，他一听就会，别的学生念十遍背不出，他念一遍两遍就背得一字不差，但他贪玩，课文一会背诵就偷偷跑到外面去玩耍。

母亲知道了并没有骂他、打他，而是把他叫到面前，抓起一把蚕茧说："蚕儿为了生存，终日不停地吐丝作茧，人要不学点本领，就不如这蚕呀！娘叫你上学念书，就是想将来能学个薄技在身。从前有个叫苏秦的，小时候读书很用功，为防止打盹，用锥子刺自己的大腿，还有个叫孙敬的，为防止读书时打盹，把头发悬在梁上。儿子，现在贪玩，不立志好好读书，将来后悔就晚了！"母亲的这番话，华佗听进去了。自这以后，他不再贪玩，只是一心发奋读书。

当时，乡间极端贫困，卫生条件差，患病的人很多。乡间又缺医少药，无处求医，以致有的人病残，有的人病死。

华佗想着自己父亲就是因病无处求医而死的，就想外出学医。可自己走了，母亲一个人在家有个好歹怎么办呢？他正在左右为难，母亲想起了怀华佗时，梦中仙人赠帛书的事，认为儿子学医是条正道，便鼓励他说："儿啊，你去学医，为乡亲们解除疾病痛苦，是给咱家积一世的大德。娘的身子骨还好，你就放心去吧！"

华佗想了一想说："城内药铺里的蔡医生是父亲生前的好朋友，我去求求他收我做个徒弟，学医，既能给人治病，又能养活娘，行吗？"华佗的母亲听了满心欢喜，就给华佗洗洗脸，换了件干净的衣服，让他去了。

蔡医生初见华佗，只见他身形瘦小，目光清澈坚定，身上的葛布衣服虽然破旧却很干净。蔡医生想，华佗父亲生前是自己的老朋友，朋友一死，留下孤儿寡母也挺可怜。于是，他决定考考华佗，如果他是一块做医生的料，就收；如果不是这块料，就不收。

蔡医生主意已定。

他见几位徒弟正在院子里采桑叶，而最高处枝条上的桑叶够不着，便向华佗说："你能设法把最高的桑叶采下来吗？"华佗说："能。"他叫人取了根绳子，拴上块小石子，只一抛，绳子抛过枝条，树枝被压下来，桑叶就采到了。蔡医生又看见两只山羊在打架，眼都斗红了，谁也拉不开，就说："华佗，你能把这两只山羊拉开吗？"华佗又说："能。"只见他拔来两把鲜草，放在羊的旁边，打架的羊早就斗饿了，一见鲜草忙着抢草吃，自然散开不斗了。

蔡医生见华佗如此聪明，就决定收他为徒。

在母亲的教育下，华佗立志不图官位，愿为良医，以救民济世为本。

后来，母亲得了一种奇怪的病，忽冷忽热，周身疼痛，皮肉肿胀。华佗请来很有名气的大夫给母亲治病，也不见成效。母亲病故前对华佗说："孩子，记住你的父母都是被这种古怪的病折磨死的。我希望你早日学成医术，好让天下百姓少受疾病之苦！"

母亲的去世更激发了华佗发愤学医、普济众生的决心。

母亲去世后，华佗继续跟蔡医生做学徒，不管是干杂活，还是采草药，他都很勤快卖力，师傅很高兴。

一天，师傅把华佗叫到跟前说："你已学了一年，认识了不少药草，也懂得了些药性，以后就跟你师兄抓药吧！"

华佗当然乐意，就开始学抓药。

谁知师兄们欺负华佗年幼，铺子里只有一杆戥秤，你用过后我用，从不让他沾手。

华佗想：若把这事告诉师傅，责怪起师兄，必然会闹得师兄弟之间不和，但不告诉师傅又怎么学抓药呢？俗话说："世上无难事，只怕有心人。"华佗看着师傅开单的数量，将师兄称好的药逐样都用手掂了掂，心里默默记着分量，等闲下时再偷偷将自己掂量过的药草用戥秤称一称，对一下，这样天长日久，手也就练熟了。

不仅如此，华佗还亲自给病人抓药。

有一次，师傅来看华佗抓药，见华佗竟不用戥秤，抓了就包，心里很气愤，责备华佗说："你这个小捣蛋鬼，我诚心教你，你却不长进，你知道药的分量拿错了会药死人吗？"华佗笑笑说："师傅，错不了，不信您称称看。"

蔡医生拿过华佗包的药，逐一称了分量，跟自己开的分量分毫不差；再称几剂，依然如此，他心里暗暗称奇。

一般药店抓一副药，总要花很长的时间，许多重病患者常常等得非常着急。华佗眼明手快，能在很短的时间内，准确无误地抓出规定分量的药物，如人参一钱，随手抓出来就是一钱；白术二钱，信手拈来就是二钱，用不着秤称杯量。

华佗抓药的技巧这么熟练，令师傅高兴不已。后来，一查问，师傅才知道华佗不分日夜地刻苦练习，便激动地说："能继承我的医学的，必是华佗！"

范晔曾赞美华佗，"精于方药，处剂不过数种，心识分铢，不假称量"①。

此后，师傅便开始专心地教华佗望闻问切，并让华佗研读《黄帝内经》。

寒来暑往，不知不觉，又是三年过去了。

一天夜里，华佗正在攻读药书，忽然，一位师弟慌张地跑来说："快去，师傅病了！"华佗随师弟来到师傅房间，只见众弟子都围在师傅身边，师傅直挺挺地躺在榻上，双目紧闭，口吐白沫，徒弟们问话也不答。华佗忙上前仔细观看五官气色，伏下身子，侧身细听呼吸，又为师傅切了脉搏，然后站起来笑笑说："师傅没有病呀！"

师兄师弟都不信，嚷嚷开了："你耽误了师傅的病，后果承担得起吗？"这时，师傅忽然坐了起来，说："你们不要嚷嚷了，华佗说得对，我是没病，只是想试试你们的医术。"徒弟们羞愧不已。

师傅对华佗的判断非常满意，就叫他把自己判断的道理说说。

华佗说："人的五官是外'五行'，人的五脏是内'五行'，内

---

① 参见周亚东、李新军：《华佗医学文化研究》，黄山书社，2015，第22页。

'五行'有病必映在外'五行'上。肝开窍于目,师傅目神苍健不变,说明肝无病;心开窍于舌,师傅舌神赤润不变,说明心无病;脾开窍于口,师傅口神黄湿不变,说明脾无病;肺开窍于鼻,师傅鼻神燥白不变,说明肺无病;肾开窍于耳,师傅耳神寒黑不变,说明肾无病。五脏无病,六脉又平和,所以知道师傅没有病。"

还有一次,丁家坑李寡妇的儿子在涡河里洗澡被淹坏了,李氏飞奔来找蔡医生,蔡医生见孩子双眼紧闭,肚子胀得像鼓,便摆摆手叹气说:"孩子难救了。"

李氏听了哭得死去活来。

华佗过去摸了摸脉,低声对师傅说:"孩子可能还有救!"蔡医生不信。华佗叫人牵着一头水牛出来,先把孩子伏在牛身上控出水,然后再把孩子平放在地上,用双腿压住孩子的腹部,提起孩子的双手,慢慢地一起一落地活动着,约摸一刻钟工夫,孩子渐渐喘气,睁开了眼。

华佗累得满头大汗,放下孩子的手说:"好险啊,差点没救了,吃付汤药补补身体吧。"

华佗又给开了剂汤药,把孩子治好了。

华佗能够起死回生的消息像风一样地传开了。

蔡医生羞愧地对华佗说:"你已经青出于蓝而胜于蓝,我没本事教你了,你出师开业去吧!"

华佗连忙俯身跪下,向师傅道谢。蔡医生一把扶起他,郑重地对他说:"元化,是一元新始,化育万物之意。你这名字就是让你学到医术,以福泽万民。"

自此,华佗便离开了师傅,此时他尚不到20岁。但华佗并不急于开业,而是游学于苏北的徐州等地,寻访名医,探求医理,给人治病。

不久，华佗又遇到了一位贵人，那是一名老郎中。

这位老郎中脾气古怪，与众不同。当时，各行各业师傅收徒弟，是把徒弟当奴仆使唤，洗衣煮饭，扫地倒尿，什么累活脏活都做。这老郎中不是这样，他在书房门口贴了一副对联：

不倒尿，看水穿石悟诀窍
莫洗衣，见病如亲学功夫

谁要是来学艺，就得先到书房门口对联处，被"考"一下。

这天，华佗来投师，老郎中还是不改老规矩，把华佗带到门口，让华佗看了对联，问道："华佗，你记住了吗？"

华佗说："记住了：不倒尿，看水穿石悟诀窍；莫洗衣，见病如亲学功夫！"

"好。你懂这个意思吗？"

"我不懂。我慢慢学吧！"

"好！"

老郎中高兴了，因为好多年轻人来投师时，都说："懂。"一懂就坏了，老郎中就不收了，因为讲起来简单，做起来复杂啊！老郎中带着华佗到后园，指指檐下一块青石，说："什么时候，水滴石穿，你就学好了。""嗯！"

第二天，老郎中开始门诊了。一天下来，老郎中看了五个病人，全要华佗把病例记下来。

记一个，老郎中问一下："华佗，你怕麻烦吗？""不怕。""华佗，你怕辛苦吗？""不怕。"

晚饭后，老郎中把华佗叫到跟前，说："华佗，你把今天五个病例，查对一下医书，看看用药有无差错处。"

华佗在灯下，对着病例，翻着医书，一行一行地看着。

五个病例弄好，也差不多二更鼓尽。华佗伸个懒腰，打着呵欠，感到疲劳，于是脱衣上床。刚上床，老郎中来了，他说："华佗，我来给你讲课。"华佗只得起来。讲完课，老郎中说："师傅引进门，修行在个人。你自己看吧！"于是，老郎中往外走了，华佗不觉感叹："好严的老师啊，这比洗衣倒尿难多啦！"他又用心地看下去……

日复一日，月复一月。老郎中一直这样要求，华佗一直坚持，勤奋学习，毫不松懈。

一年下来，华佗的病例已记了一千五百多个。

这日，老郎中问道："华佗，一千五百多个病例中，有多少黄疸病？"华佗说："三十二个。"老郎中又问："这三十二个用药都相同吗？""没有一个相同。""为啥！""根据老师教导，病人有男有女、有老有少、有初患和复发等不同情况，因此用药各不相同。"

华佗像背书一样地回答，老郎中高兴得直点头。

直到晚年，老郎中才收了华佗这么一个称意的徒弟。华佗的功夫过细、过深，使他佩服，老郎中戏谑地说："看样子，快要水滴石穿了！"华佗谦虚地说："还早啊！"

一天，一个产妇难产，去请老郎中和华佗。老郎中到了产妇家，没费多大工夫，孩子就生下来了，可是落地没有声音。老郎中招呼华佗说："这是羊水闷的……"华佗没等老郎中说完，就弯下腰，用嘴吮吸着胎儿嘴里的羊水，孩子哇的一声哭了。产妇全家高兴极了，热情地款待了师徒俩。

师徒俩高高兴兴地回到家,走到檐下,老郎中指着青石说:"细水滴穿青石,全靠功夫深啊!"华佗点点头。走到书房门口,老郎中指着那对联说:"华佗,如今你领会了吧?"

华佗望着老郎中,恳求他说:"老师啊,我还是领会不深。"老郎中高兴地说:"你的话对啊,学无止境嘛!当初我行医时,就遵循两条:一是多熟读医书,多临症;二是对病人'不是亲人,胜似亲人'。你如今两条都已具备,就出师去闯吧!"

四、如何拜师　真经何在

相传,华佗后来又拜了一位老医生为师,随他开药铺。可惜老医生年事已高,有心无力。他对华佗说:"华佗,你是个不错的小伙子,可惜我这老朽是个半瓶醋。真正满灌的是普陀寺的广济和尚,只是他从不带徒弟。你要有志于医道,定要设法投到他门下。切记切记!"华佗点点头。

不久,老医生便去世了。华佗记住老医生的话,每日傍晚,药铺子上了锁,他便去普陀寺。

一回生,二回熟,走勤了,广济和尚也不避他。广济念"阿弥陀佛",华佗不入肚,但那声音好听,他也不急躁。广济经念完了,就念《黄帝内经》,华佗听了句句入耳。广济念毕经文,已是夜深人静。华佗回来,对着油灯,又一句一句写到纸上,写毕已是鸡鸣了。

这样,半年下来,华佗记了满满一大本子,心想,这下该差不多了吧!谁知广济越念越多,每晚只念一个时辰。华佗回来,便要写到鸡叫。

这天晚上,华佗又去普陀寺。广济经也不念了,与华佗谈起了兵书。正在兴头上,三个人抬了个垂危的病人进庙,请广济和尚给治治。

广济推辞说:"我是和尚,与尘世无缘,更无治病良方。"

他转脸又向华佗说:"你经常来庙里听讲佛事,我还是来念'阿弥陀佛'吧。"

华佗看那人病得很重,也帮着病人家属向广济求情,说:"长老,你行行好,给他治一治吧!"

广济说:"你要谈兵书?"

"治了病,我俩再谈!"华佗说。

广济说:"你要听佛经?"

"治……"华佗看广济微闭双眼,东扯葫芦西扯瓢,就是不提治病事,心里发急,就到病人身边,一看,这人好像害的是晕病,提笔正要开方子,却忘了药。

这时,只听广济说:"《扁鹊内经》好!"

华佗心思集中在治病上,一听"扁"字,他立即醒悟了,说:"对,扁豆花!"

俗话说,对症下药,药到病除。病人服了药后,很快就痊愈了。这家人讲情讲理,认为医好病人是广济和尚的力量,便做了个"广济众生"的匾,披上一块红布,送到庙里。

广济双手合掌,打躬作揖,不肯受纳。众人无奈,只好将匾放在庙里,告辞了。

一会儿,华佗来了,广济指着匾对他说:"华佗,你给人家治好了病,人家送个匾,你拿去吧!"

华佗说："我看病，您点药。病是您治好的，匾应该送给您！"广济说"常言说，'无功不受禄'，我不能受。你快拿去吧，不要推三阻四的。"

华佗没办法，只得抱着匾回家，可是心里老是像十五只吊桶打水——七上八下的，怎么想，也没得好法子处理这个匾。最后，他只得把匾往墙旮旯反放着。不料，一翻过匾来，他发现匾后贴着一本书，是扁鹊注的《黄帝内经》。

华佗大喜，拿起来就往普陀寺跑，去感谢广济和尚。可到了庙里，广济和尚已离庙云游去了。

从此，华佗立志"广济众生"，做起医生来了。

民间还流传着另外一个版本的故事。

相传，华佗的医术，是春秋战国时期的扁鹊嫡传的。

有一位名叫公宜山的老医生，是名医扁鹊之后。老医生90多岁了，没有儿女，也不曾收过徒弟。乡民向老医生请求，请他把高明的医术流传下去，以救众民。

老医生说："这医术可不能随便乱授，要传给那些能为穷苦人家治病的好后生，不能传给那些以医求官的浮浪子弟。""谁是好后生呢？"众人着急了，老医生摆摆手说："大家不要着急嘛，我自有办法！"

有一天，附近的民间医生都接到了一份请帖，是公宜山老医生送的。年轻的华佗也在被邀请之列。

这一天，公宜山老医生家门庭若市，四面八方的年轻医生都来了。老医生盛情接待了这些来自民间的青年医生。热闹了一天，他才让大家各自回家。从老医生家下山，只有一条小路，就在这个路口上睡了一个病人。这病人全身流着脓血，体无完肤。当时正是六月，脓血腥臭难闻，成群的绿头苍蝇嗡嗡嗡地飞在他周围，有的地方还有蛆虫乱动。所有的年轻医生走到路口，看到这个肮脏的病人躺在那儿拦住大家的去路，有的捏着鼻子绕过去，有的蒙着眼睛从病人身上跨过去。

这个病人火气可大了，他大骂从他身边走过去的医生，说："你们这些饭桶，能治啥病？为啥见死不救？统统不是好东西。"可是众人还是飞快地走了。

华佗走到他跟前，向他看了看。那人不分青红皂白便大骂华佗道："你，你看啥？你也是草包，也不是好东西，快滚开！"

"大哥，你为什么骂人呢？"华佗不恼不气，亲切地说道，"有什么痛苦告诉我吧，我给你治病！"

那人怒道："你这小子瞎了眼睛啊？你没看到我身上这病吗？"

华佗耐心地向他解释说："大哥，你身上的溃疡一时是治不好的，必须要慢慢来啊。我现在送你回家，从明天起，我天天登门给你治，你家住在哪儿？""你叫我在家等你，那好，我家离这儿30里地，你先把我背回家吧。"

华佗见他一身脓血，又腥又臭，白花花的蛆虫直往下掉。这么脏，咋背啊？他转念一想，医生怎能嫌病人脏呢？应该尽力为病人解除痛苦才是啊！于是他说："好吧，我就背你回家！"

华佗把病人托在肩上，背着下山。

走了30里地，华佗身上糊满了脓血，蛆虫滚到他身上，一股臭味直往鼻子里钻，冲得他头脑发昏，心里作呕，几度欲吐，未吐出来。

来到病人家门口，病人突然变卦了，他又不回家了，硬叫华佗把他再背回原地。华佗满腔怒火，这人咋这么麻烦呢？正想发火，一想，医生要耐心对待病人，病人发火，是因为他身上有病，可以谅解，医生应该体贴病人才是啊！想到此处，华佗又把他背回老医生家的门外。

华佗来回背了60里，累得他筋疲力尽，满身的汗水和病人身上的脓血搅和在一起，一滴一滴地往下掉。

来到公宜山老医生家门口，老医生亲自出门来迎接。他先把华佗让进屋，然后让华佗沐浴更衣，并请华佗洗浴完毕后到客堂说话。华佗洗了澡，换了衣服，走进客堂。

老医生问华佗姓什么。华佗回答："学生华佗。"老医生夸赞说："好后生！"于是他给了华佗一封纸笺，华佗打开观看，上面写道："术亦不惜，恐异日与子为累，若无高下，无贫富，无贵贱，不务财贿，不惮劳苦，矜老恤幼为急，然后可脱子祸。"

华佗看完，往地下一跪说："圣贤之语，不敢有忘。愿拜您为师！"

老医生扶起华佗，收他做了徒弟。

原来，上面说的那个病人，是老医生有意安排在路口，试试那些年轻的医生是不是诚心为穷苦人服务的。

多少年轻的医生都绕道走开了，只有华佗不怕脏，不怕累，背他下山，又背他上山。就因为这个，华佗获得了老医生宝贵的医书和高明的医技，为后来成为一代名医迈出了坚实的一步。

上面这些民间传说是美丽的，也无法去考证，但华佗的医德与医术是真实的，是经得起时间和历史的检验的。

五、如何行医　行医为谁

相传，跟多个师傅学完医后，华佗又开始计划游学。

清晨，一轮红日从东方冉冉升起，温暖着谯县大地。

华佗背着简单的行囊，走在通往谯城的路上。他敬仰孔子，赞赏孔子的"仁爱"，对孔子不愿侍奉权贵、四处游学很是钦佩。

他步行十余里，赶到谯城，去寻找传说中老子讲学的地方。

华佗绕过县城几座高墙深院的府邸，特别是在豪华气派的曹府门口停留了一会儿，他看到这里迎来送往，门庭若市，令人眼花缭乱。

当天，华佗又踏上了通往沛都（今江苏沛县）的道路。沛都也是老子晚年躬耕授徒、讲道论德之地，又是汉高祖刘邦斩蛇起义的地方。

不料由于日夜兼程，加上风吹日晒，瘦弱的华佗竟然病倒在路上。

华佗苏醒过来时，发现身边围着一群面黄肌瘦的难民，他们竟激动得两眼噙满泪水。一位须发斑白的老大爷高兴地说："好了，喂了汤药回过来了！"

华佗遇到的这一群灾民，很多是从京师一带逃难出来的。华佗听了灾民的含泪叙述后，心里不由得一震：京师这真龙天子的所在地，怎么会这样民不聊生啊！

华佗到了彭城（今江苏徐州），这是去沛都必经之地，素有古战场之称,西楚霸王曾在此建都。但此时展现在眼前的又是什么呢?

华佗立在城中一片芜杂的高坡上,向四面望去,昏沉沉的天空下到处是衰败的景象。这座凋敝的古城,已显得毫无生机。华佗一刻也不愿在这里停留了,急急地赶往沛都。

来到沛都西郊,华佗的心才慢慢平静下来。他顺着一条蜿蜒的流水走进一个村子,但村边的树木全褪去了碧叶,只剩下光秃秃的枝丫,村头的水塘污浊发臭,村舍墙倒屋塌,听不到鸡鸣犬吠,在一片死寂中,传来一阵阵哀叹声。

华佗来到沛都,见城中有许多乞食者,甚至还有饿殍。当年,老子躬耕授徒、讲道论德的和平恬静气氛哪里去了?汉高祖刘邦荣归故里,置酒沛宫,饮宴故人的欢乐哪里去了?沛都当年的风采又哪里去了?

华佗心事重重地踯躅在沛都街头,沿着汉高祖刘邦的足迹,寻觅到一所高台,高台上矗立着一座长丈余、阔三尺许的石碑,虽历经风雨剥蚀,但碑上镌刻的文字仍依稀可辨,"巍巍高台"几个篆文大字,十分醒目。这高台就是沛地父老为纪念刘邦,在行宫前建的歌风台,那碑石则是将《大风歌》勒石为记。

抚今追昔,华佗长久地伫立在碑石前,耳畔萦绕着刘邦慷慨激昂的《大风歌》:"大风起兮云飞扬,威加海内兮归故乡,安得猛士兮守四方。"

华佗对刘邦怀着深深的崇敬,在《大风歌》碑前流连忘返,感慨万千。

面对腐败的朝政和严酷的现实,华佗不得不冷静下来,提前结束了游学的历程。

刻苦勤奋的华佗，不仅善于思考，而且十分重视品德修养。

他疾恶如仇，尤其鄙薄那些一味追逐功名利禄的人。当时社会上的一般士大夫，从不重视医学。他们到处钻营，只想弄个一官半职，求得个封妻荫子，以便光宗耀祖，显身扬名。华佗和那些人截然不同，他从来不想当官，而且拒绝做官，全心全意专攻医学，立志用医学对人类做出贡献。

汉朝皇帝经常发布所谓"求贤"的诏令，叫各地方官举荐和选拔人才。汉代在中央管辖下的地方行政区划，分为"郡"和"国"两种。郡有个行政长官叫郡守，国有个行政长官叫国相。朝廷经常指使郡、国的长官推举"孝廉"或"秀才"。这是当时士大夫飞黄腾达的重要途径。依据条件，只有品学兼优的人才能充当"孝廉"或"秀才"。

为人正直、品德高尚、学问渊博的华佗，自然符合此条件。但他看到不少封建官吏在乡里横行霸道，欺压人民，内心感到很气愤，不愿与他们同流合污。

在沛县的时候，有一天，沛国的国相陈珪部下的一名将官正在酒馆里喝酒，华佗碰巧也来到这个酒馆，在这里遇到了这位将官，华佗盯着他看了很长时间，之后说："你的脾肿大了，需要剖腹割除。"将官立即又惊又气地问道："你说什么？你怎么知道我的脾肿大了？"

华佗说："你的胡须眉毛已经松脱了，这说明你的脾已经肿大，必须割除了，否则就会有性命之忧。"

"我不信。"将官年轻气盛，将信将疑地顺手把胡须一扯，果然扯掉了一小绺。

将官吃惊地看着华佗问："你是谁？你是怎么知道的？"

"我是一名草医,名叫华佗。"

"华佗?"将官早就听过华佗的大名,却从未见过本人,得知是华佗,连忙站起身来让座,叩问道:"华医生,那我的病能治吗?"

"能治,给你剖腹开刀,把坏死的脾脏割除就行了。"

"那人还能活吗?很疼吗?"

"吃了我的麻沸散,开刀不疼,过几天就会好了。"

将官知道华佗的名气,非常信任华佗,便同意华佗给他剖腹治病。

于是华佗找到一个安静整洁的地方,给将官服用了麻沸散,将他的腹部剖开,割掉坏死的脾脏,再用针线缝好,又敷上药膏,不久将官就痊愈了。

将官的病被华佗治好后,他出于自己的切身感受,当上了华佗的"宣传员"。他绘声绘色地说:华佗的医术自古未有;华佗是神医,名副其实;华佗会剖肚截肠,有起死回生之术……

这消息一传十,十传百,不久就传到陈珪那里,陈珪找来这位将官问道:"真有此事吗?"

"是的,是的。就是华佗为我剖腹割脾,救了我的命呀!"将官回答。

"此人何方人士,现住在何处?"陈珪急切地问道。

"他家就住在谯郡,现在正在此地行医呢。"

陈珪于是让这位将官带路,同这位将官一同去拜见华佗。

陈珪问华佗:"听说你有起死回生的本领?"

"岂敢岂敢,本人只是一个乡村医生,才疏学浅,惭愧惭愧。"华佗谦虚地回答。

"你有这么高的本领,不应该在乡间受劳碌之苦,应食君禄,为国家效力,我举荐你为孝廉如何?"

"不必如此,多谢大人好意。"华佗婉言拒绝了陈珪的好意。

"好吧,那日后再说吧。"陈珪望着华佗的背影无奈地发出一声长叹。

太尉黄琬听说华佗品学兼优,十分诧异,正式下书举荐华佗为孝廉,一方面想让华佗替自己出谋划策,起草命令文告之类的,另一方面想让他做自己的保健医生。

华佗接到命令后来见黄琬,在表示谢意之后,郑重地对黄太尉说:

"草民从小便发愿行医,救民苦难,官是不做的。"

黄琬一时语塞,说:"只做个草泽医生有什么好啊,你当个民间医生,下乡治病,上山采药,终日奔波劳碌,受尽风霜之苦,又是何必呢?"

华佗听了之后,认真回答道:"我不图高官厚禄,不图慕虚名,只要解除贫民疾苦,就是我平生之愿了!"黄琬见华佗执意不肯做官,感动地说:"难得你一片为民的真心啊!"

华佗终年忙于诊务,不是出门给人看病,就是在家里接待病人。来华佗家求医的病人很多,大部分是当地的劳苦农民。不管谁来,他都热情接待,细心诊治。为了减轻患者的医疗费用负担,他尽量采用针灸疗法,因为针灸具有简、便、廉、验的特点。

华佗精通针灸,不论针刺或艾灸,他总是反复斟酌,挑选最少而最有效的穴位。艾灸不过一两处,每处不过七八壮(壮是艾灸的单位,在施行艾灸时,点燃一个艾炷叫一壮),就能把病治好。扎针也只是一两处,只要病人表明针已经到达指定的部位,便随手拔针，病痛很快消除。

关于华佗在诊治过程中注意查找病根，对症施治的情况，还流传着这样的一个故事。

华佗虚心好学，一见到有一技之长的同行就诚心求教。

有一年，华佗正在山东行医，听说泰山边有个集镇上有位年老的医生，治病有两手，于是就身背青囊，登门求教去了。

到了老医生家，老医生正在给病人看病。了解到华佗的来意之后，他表示欢迎。他搬来一条板凳请华佗坐下，自己则回身继续为病人诊治。

华佗发现，老医生看病特别耐心、细致，问个不停。华佗虽然坐在老医生身边，老医生就像没看到他这个人似的。

不一会儿，又来了一个病人。这个人胳膊发抖，酸痛不止，哀叫连声，可老医生照旧给前一个病人不急不躁地看着。

华佗坐在旁边耐不住性子了，就说："老师傅，您抽不出手来，就让我来帮您看吧。"老医生点头同意。华佗检查了患者的胳膊后，便给那人针灸，针到病除。那人甩甩胳膊，不痛不酸也不抖了，舒展自如，原来一脸愁苦，一下子变成了满脸堆笑。

这时，老医生也给前一个病人开了药方。

待病人走后，华佗说："老师傅，胳膊疼的病，是这样治的吧？"

华佗满以为会得到老医生的一番夸奖，哪知老医生向他泼了一瓢冷水，很不客气地说："这种治法不行。"华佗很纳闷，虚心地说："老师傅，我不明白，请您指点指点吧。"

老医生看他这样虚心，打心眼里高兴，就说："治病治表容易，治本难。要细追病源，才能治本。我问病人别的事，并不是我闲着没事找人聊天啊，这人为啥得这种病，你了解了吗？"

华佗这时才恍然大悟，老医生向病人反反复复地询问，原来是要掌握病源，而后再对症下药，他忙说："老师傅，多谢指点！"老医生说："好吧，你在这儿多住几天，要不了多久，他还会犯病过来求医的。"

过了七天，这人果真又抖着手来看病了。

华佗打心眼里佩服老医生。

老医生招呼病人说："老哥，你这病，华医生未治之前，我就给你治过了，曾嘱咐你要戒酒，你总是当耳边风，再不戒酒，就有苦头要你吃了。"那人连声答应说："是，是。这回我一定戒酒。"

老医生向华佗说："治病就要了解病人的喜怒哀乐之情，这老哥家境比较富裕，儿子娶亲喝酒，结果成了瘾，就得下了这个病，要想除掉病根，只有戒酒。"

于是老医生拿起针，边给他下针边说："戒酒戒酒，病方除根；如不戒酒，勿要上门。"

华佗一边看着，一边在心里赞叹老医生不仅医术高明，医德也好！打那以后，华佗也像老医生一样对待病人了。

华佗给贫苦群众治病，很少收取报酬。病人痊愈以后，常去华佗家表示感谢，有的送上几个鸡蛋，有的带来新鲜鱼虾，也有送来瓜果蔬菜的。华佗总是婉言辞谢说："乡亲们的心意我收下了，这礼物我不能收，请带回去吧。"由于治好的病人日益增多，人们竞相传颂，华佗的名声越来越大。从此，他出诊也更加繁忙了。

尽管华佗的名声很大，但他却从来不摆名医的架子。不管在什么地方碰见病人，他绝不袖手旁观，而是立即动手治疗。

一天，华佗应邀乘车去远地方给人看病，在半路上遇见一辆牛车,车上躺着一个急症病人,不时发出痛苦的呻吟。患者的家人非常着急,正不知往哪里投医才好。华佗虽与他们素不相识,只因听到病人的呼痛声,便立即停车下来,主动给患者望色诊脉。

原来,这个人患的是"咽塞病",想吃东西而吞不下。华佗凝思了片刻,胸有成竹地说:"刚才经过的路边上,有一家卖汤面的小店。店里有许多细切的大蒜,你问他要三两;还有酸醋,你问他要三杯。然后,将蒜和醋调和起来,全部喝下去,病自然会好。"

听了华佗的话,家属连忙驱车到汤面店去,向店主人买了三杯蒜醋汤喝了。蒜醋汤刚喝下不久,病人感到烦躁不安,接着便大呕大吐,吐出一条长虫,"咽塞病"很快就好了。病人非常感激华大夫,便将吐出来的长虫悬挂在车上,掉转车头又去寻访华佗,登门表示感谢。

当时,华佗出诊还没回来,几个小孩子在门前游戏,玩得正欢。其中有个小孩抬头,看见来了牛车,便大声对同伴们说:"喂,你们看那车上挂着的东西!那位客人一定碰见我父亲了。"

客人听到嚷声,知道这个小朋友就是华佗的儿子,便跟着他一起进门。主人进去倒茶水的时候,客人见到北边墙上挂着好几条类似的长虫,知道这都是患者病好以后,送来向华佗表示感谢和敬意的,于是赞叹不已。

过了一会儿,华佗回来了,客人迎上前去向他道谢说:"华大夫,您真高明,您的药方好灵验啊!今天要不是遇上您,我的病不知道会怎样呢?"

华佗笑着回答:"不是我高明。这个药方也不是我的创造,而是从民间学习来的。只不过在使用它时,根据病人的性别、年龄、体质等不同情况,来调整药物的用量,因而效果更好一些。"客人听了，频频点头，对华佗表示敬意。

华佗出诊从来不讲条件，不管白天黑夜，也不论酷暑严寒，总是随请随到。他经常手提药箱，主动上门给人看病。他的足迹遍及今安徽、江苏、山东、河南一带。盐渎、广陵、东阳、彭城，更是他常去的地方。不论走到哪里，人们都热情地欢迎他。

"中医之道深似海，中医传承有其根，开创麻醉耀中华，创立'五戏'照后人，要说此人便是谁，后汉神医有华佗。"

华佗，作为深受人民群众爱戴的民间医生和医学家，以他的生命与尊严书写了祖国中医文化的传奇。

第二篇 "神医"之术

对于华佗，我们用一个字来概括是"神"，用两个字来概括就是"神医神术"。

明代陈嘉谟的《本草蒙筌》引用《历代名医图赞》中的一首诗做了概括："魏有华佗，设立疮科，剔骨疗疾，神效良多"。正是因为有神奇的医术，华佗被后人尊称为"外科圣手""外科鼻祖""神医华佗"。华佗是我国医学史上的传奇人物，他的绝技秘方被披上了一层神秘的面纱，有很多有关他的神奇传说在民间广为流传。

外科鼻祖

华佗是我国医学史上为数不多的杰出外科医生之一,他善用麻醉、针灸等方法,并擅长开胸破腹的外科手术。华佗也是世界上第一位发明麻醉剂——"麻沸散"的人。

一、中医外科学

华佗在中医外科医学领域有着开创性的卓越才华和极高造诣,被称为"外科鼻祖"。

外科,是研究外科疾病的发生、发展规律及其临床表现、诊断、预防和治疗的科学,是以手术切除、修补为主要治病手段的专业科室。

在中医中,外科是一个古老的学科。在宋代的专著里,外科与针灸、方脉并列,包括疮肿、伤折、金疮等。

华佗画像（亳州中医文化博物馆）

我国外科学历史悠久，手术历史最早可以上溯至原始社会。

早在原始社会，我们的祖先在劳动和生活中，因与野兽搏斗，和严寒酷暑抗争，创伤很多，就自发地运用野草、树叶、草药包扎伤口，拔去体内异物，压迫伤口止血等，形成外科最原始的治疗方法。后面，人们发展到用砭石、石针刺开脓包排脓以治疗脓肿。这些原始的清创、止血、外用药和小手术就是外科的起源。

大约在商，即前1324年左右，甲骨文上有疾自（鼻子生病）、疾耳、疾齿、疾舌、疾足、疾止（指头生病）、疥等记载。《山海经·东山经》中说："高氏之山……其下多箴石。"郭璞注："所以为砭针，治痈肿者。"

砭针是切开脓包排脓的工具，也是最早的外科手术器械。古书中载有痈、疽、痹、瘿、痔、疥等外科疾病，民间医生擅长处理的疾病各异，因此出现了医学的分科。

外科成为专科是在周代。①《周礼·天官》把当时的医生分为疾

---

① 李经纬：《中医史》，海南出版社，2015，第77页。

医、疡医、食医和兽医四大类，其中疡医即是外科医生，主治肿疡、溃疡、金疡和折疡："疡医下士八人，掌肿疡、溃疡、金疡、折疡之祝药，劀杀之齐。"（祝药即是敷药，劀是刮去脓血，杀是用腐蚀剂去除恶肉或剪去恶肉）。

我国现存最早的医学文献《五十二病方》，记载了感染、创伤、冻疮、诸虫咬伤、痔漏、肿瘤、皮肤病等很多外科疾病，并在"牝痔"中记载了割治疗法。

中医外科初具规模，成为一个学科，是在汉朝。那时已有医学理论著作《黄帝内经》问世，其中《灵枢·痈疽》所载外科病名，虽只有17种，但对痈疽的病因病机已有一定的认识。

在《黄帝内经》中，记载了针砭、按摩、猪膏外用、醪药、手术等多种外科疗法，如最早提出用截趾手术治疗脱疽。

浙江中医药文化研究院教授郑洪认为，《黄帝内经》中有对人体内脏长短尺寸的描述，可见当时就有解剖了。

据史料记载，在新莽时期，有过一次对犯人的解剖，但如今只留下了简短的文字记录，并没有图片资料留存下来。不过，五代时，出现了人体解剖图，是道士烟萝子绘制的。

到宋代，中医人体解剖学有了进一步的发展，其主要标志是出现了两种解剖图谱，即吴简的《欧希范五脏图》和杨介的《存真图》。这两部解剖图谱都没有流传下来，但其部分内容保留在后世的其他医书之中。

华佗是第一个以麻沸散作为全身麻醉剂进行剖腹术的。张仲景的《金匮要略》对后世外科的发展也有很大的影响，其中治疗肠痈、寒疝、浸淫疮、狐惑等病的辨治体系和方药，至今仍为临床所应用。

华佗：苍生大医的人生传奇

2019年6月，在中央电视台纪录频道首播的纪录片《手术两百年》中，也提到过一个案例：2500年前新疆的一具男性干尸，腹部有缝合伤口的迹象。这表明，在华佗之前就有古代医师实施外科手术了。

在华佗之后，中医中手术的案例也并不少见，如元代典籍中就记载了医生为伤病员缝合肠子的手术。

西汉前后问世的《金创瘛疭方》是我国第一部外科学专著，可惜已失传。由此可见，到了汉代，从理论、实践、药物、手术、著作等多方面看，中医外科已初步成了一个独立的学科。

自两晋隋唐以来，外科手术的改进和外科学的进步十分缓慢。其原因可能是多方面的，比如中医内科治疗学的高度发展，使保守治疗优于外科手术；封建观念如"人体发肤，受之父母，不能损伤"之类对外科发展有一定影响；外科手术本身必须具备的条件，也严重制约其发展。因此，文化修养高、理论知识强的医学家们，很少操持外科业务，更不愿以外科手术为专长；而长于外科手术者，往往没有较高的社会地位，或缺乏文化知识，无力记述自己的手术经验，或为守密不传而不加以传播，所以在医学书籍中很少见到外科手术。

隋代巢元方著《诸病源候论》，其中记载了肠吻合术、大网膜切除术、血管结扎术等外科手术方法和步骤。

唐代孙思邈的《千金要方》是我国最早的一部临床实用百科全书，记载了很多脏器疗法，如食动物肝脏治疗夜盲症，食牛羊乳治疗脚气病，食鹿靥治疗甲状腺肿大，这都是现代科学证实了的临床经验。其中用葱管导尿一说，比1860年法国发明橡皮管导尿早1200多年。唐长寿二年（693），武则天之臣安金藏自剖腹以明志，随后出现休克，武后急命太医为其纳肠，以桑皮线缝合而挽其于危亡中，这是一个典型的抢救创伤性休克患者获得成功的例证。王焘的《外台秘要》载方6000余个，包含了不少外科方剂，是外科方药的重要参考文献。

宋代外科已发展到比较成熟的阶段，在病机分析上重视整体与局部的关系，治疗上注重扶正与祛邪相结合、内治与外治相结合。王怀隐《太平圣惠方》提出应鉴别"五善七恶"，同时总结了内消、托里等内治方法。陈自明《外科精要》，强调对痈疽应辨证施治，区分寒热虚实，重视整体疗法，并载有托里、排脓的多个方药，至今仍在临床中应用。

元代的外科著作，有朱丹溪的《外科精要发挥》、危亦林的《世医得效方》、齐德之的《外科精义》等。其中，齐德之的《外科精义》总结了元以前各种方书的经验，从整体出发，指出外科病是阴阳不和、气血凝滞所致，治疗疮疡应辨别阴阳虚实，反对"治其外而不治其内，治其末而不治其本"的方法，提倡内治与外治相结合。危亦林的《世医得效方》是一本创伤外科专著，在正骨方面有不少记载，对麻醉药的组方、适应证、剂量均有具体说明，对伤科的发展有很大贡献。

明末清初，西方传教士来华传教者不断增加。其中不乏天文学家、医学家等科学技术人才。最早带西医到中国者，可能是意大利传教士利玛窦。他1583年来到中国，1601年到达北京，不但与中国当局往来密切，还与中国著名医学家王肯堂有过研讨医学的经历。利玛窦在中国著有《西国记法》，其中有关于医学的论述。与利玛窦先后来中国传教的科学家、医药学家还有意大利人艾儒略、毕方济、龙华民、熊三拔、罗雅谷，德国人汤若望、邓玉函等。①

其中汤若望撰有《主制群征》，论述了西方医学的解剖学等知识；艾儒略撰有《性学粗述》，论述了西方医学的生理、解剖、病理、疾病治疗等知识。

这些著作虽然向中国介绍了若干西方医学的解剖、生理、病理和疾病治疗知识，但由于西方医学在当时还处于比较落后的水平，加之这些人并非专职医师，所论也多欠确切，因此对中国医学发展的影响甚微。

明代《外科正宗》记述了鼻息肉摘除术、气管缝合术等。1840年，江考卿著《江氏伤科方书》，用骨科移植治疗复杂骨折。1844年，中国首次施行膀胱结石摘除术。1875年，中国第一次施行卵巢肿瘤切除手术。1894年，余景和著《外证医案汇编》，并进行气管切开手术，抢救白喉患者……

在西医传入我国的过程中，它既与中医发生了紧密的联系，也对中医产生了深刻的影响，最显著的莫过于西医手术的兴起。

从西医角度讲，现代外科手术的发展需解剖学、麻醉学、无菌术、手术护理学四个最基础的学科来支撑，有记录的解剖学研究最早起源于欧洲医学之父、古希腊的著名医学家希波克拉底。

古希腊医生盖伦所著的《医经》一书，是西方最早系统描述人体结构的论著。当时由于宗教统治时期禁止解剖人体，该著作资料主要来源于动物，之后比利时医生安德烈·维萨里冒着被宗教迫害的风险，开展了人体解剖研究，在1543年完成了《人体构造》这本解剖学巨著。

---

① 李经纬：《中医史》，海南出版社，2015，第302页。

美国乡村医生克劳福德·威廉森·朗在1842年3月30日（之后该日期3月30日设定为国际医师节）为一位需摘除颈部肿块的患者成功实施了第一例乙醚麻醉手术；医生莫顿在1846年10月16日采用乙醚作为麻醉剂，首次公开演示并完成了麻醉下的外科手术。中国在1847年，由广东博济医院（广州孙逸仙医院）在伯驾医师带领下完成了中国第一台乙醚麻醉下的外科手术。麻醉术的出现让患者在接受手术时从此有了尊严，迅速地推进了外科手术的普及和发展。

此后，1877年，高压蒸汽灭菌法发明后，现代外科学中有了无菌技术，手术器械及用品达到无菌级别，从而减少了因手术造成的感染，进一步降低了手术死亡率。

因此，外科无菌术与麻醉术，堪称是十九世纪人类医学进步史的两大里程碑。

现代外科学的发展和完善是历史传承与创新的过程，也是建立在无数病人饱受痛苦折磨甚至牺牲生命的代价上的，在逐步健全发展了系统的解剖学、麻醉学、无菌术、护理学等基础学科后，当今强大、复杂、高效的医学系统才得以奠定。

二、华佗外科思想

华佗之所以被誉为"外科鼻祖"，是因为华佗的外科医学思想和技术不仅在当时影响深远，而且对现代外科医学的发展也有着重要的启示和借鉴意义。

华佗作为一代名医，天赋异禀，成就非凡，年纪轻轻就对东汉时期的许多医术著作钻研得十分通透。

医学是门实践性极强的科学,华佗十分明白医术的精深在于实际操作经验(临床经验)的积累。医学理论只是前人的思想,掌握了理论,不等于掌握实际操作技术(特别是外科的手术技能)。

东汉末期绝大多数的医生还是认为人体是很玄妙的结构,机体患病,那么就只能够从内而外进行治愈。他们普遍认为,从外而内进行治愈,这种想法是不切实际,也违反人体的阴阳调和。

华佗却反其道而行之。他认为从外而内的医学反而能够起到更好的效果。

实践出真知。华佗在行医的过程中,边实践,边思考,边总结,在此基础上逐渐形成其外科思想理论体系。

华佗的诊治思路强调整体观念,即认为人体是一个有机的整体,不同部位之间相互联系、相互影响。疾病不是孤立的表现,而是整个人体系统的反应。在诊断和治疗疾病时,需要考虑到疾病的全貌,综合分析各种症状和体征,找出疾病的根本原因,以便进行有效的治疗。

华佗强调以人为本,尊重并注重患者的个体差异。他认为,每个人的体质和病情都是不同的,因此在诊治过程中需要进行个性化的治疗,而不是简单地按照某种标准的治疗方案来执行。

同时,华佗注重患者的心理需求,在治疗过程中不仅关注疾病本身,也关心患者的身心健康,鼓励患者积极面对疾病,增强患者的自我调节能力。

这些思想体现了华佗尊重患者的人文关怀和个性化诊疗的治疗方式。

这个世界上并不存在万无一失的医术,也不存在所谓天纵奇才,华佗在开发中医外科手术方式的过程中,也必然面对失败。

据说,华佗最开始是以各种动物牲畜进行外科实验的。在治疗一些疑难杂症时,华佗首先是拿小型动物进行试验,比如鼠、犬、狒等,最接近人体结构的"狒",是最好的实验对象。

为了万无一失,华佗还尝试着在已故之人身上进行外科实验,但由于东汉时期身体发肤受之父母,不敢毁伤的观念,以及逝者入土为安的传统,华佗在进行实验时,遇到了巨大的道德挑战。

华佗常常为了实验,耗费钱财换取无人认领的死者躯体。掌握人体五脏六腑的各项特征后,华佗专门寻找病重之人进行外科手术。后来,由于治愈了一个个垂死之人,华佗开始声名鹊起。

另外,华佗提出了一系列以经络、穴位为导向的手术理念,这些理念应该说是独辟蹊径的,为当时的外科手术注入了新的思路和方法,开创了新的局面。

华佗像(亳州中医文化博物馆)

华佗主张手术应该根据经络分布和穴位分布的规律进行,这样可以达到最佳的治疗效果。

华佗的手术理论不仅注重穴位、经络的运用,更注重精准的手术定位和手法。据说，华佗认为手术必须定位准确，否则可能对患者的健康造成更大的损害。他注重手法的轻重、深浅、速度等因素，认为如此才能达到最佳的手术效果。

可惜中国古代手术的发展在华佗离世之后就陷入停顿，而国外手术在十九世纪末突飞猛进，进入了现代医学阶段，到二十世纪中期，甚至具备了做大手术的条件。

西方医学的背后有着自然科学知识的支撑。西方物理、化学等学科的发展，让手术的成功率大大增加，如血型系统的发现，让输血成为可能；麻醉剂的发明，让外科手术变得相对容易进行；抗生素的发现，让手术过了感染这一关。

相对来说，中国古代的医生没有类似的自然科学知识做支撑，即便有做大手术的技术，也过不了解剖学、麻醉学、无菌术、手术护理学这四关，患者死亡率很高。到明朝时期，中医便走上了外病内治之路，多使用汤药、针灸等治疗手段治疗患者。现代医学意义上的手术，直到科技进步了，才有了实施的可能。

三、发明"麻沸散"

从史料记载来看，中国运用麻醉技术的时间是比较早的。比如，《列子·汤问》中记载"鲁公扈、赵齐婴二人有疾，同请扁鹊求治"，"遂饮二人毒酒，迷死三日，剖胸探心……既悟如初"。

虽然据后世考证，《列子》是托名战国列御寇所著，实出于晋代，但其中收集和保存的许多古代史料，为学术界所认可。

不管《列子》中所载的"剖胸探心"带有多少神话色彩，中国古代人们已经开始运用麻醉技术是不争的事实。

华佗在二世纪发明麻醉剂——麻沸散，这是世界医学史上一个伟大的创举。然而，华佗发明麻沸散的背景和具体经过，史书并没有留下详细的记载。

民间相传，当时华佗正在今河南、安徽、江苏一带活动，这些地方都是战略要地，战事频繁，常有百姓、士兵受伤，在客观上对外科手术的发展提出了迫切要求。华佗作为当时最有名的医生，不少伤病人员请他来治疗。可是手头没有麻醉药，每当做手术时，伤病员都要忍受极大的痛苦。

有一次，华佗外出行医时，遇到了一个手臂上长了毒疮的8岁小男孩。由于毒疮的毒素太厉害了，小男孩的手臂肿胀得有碗口那么粗。为了给小男孩去除手臂上的毒素，华佗只能采取传统的外科手术，挖掉小男孩手臂上的毒疮。

那天，华佗一边给小男孩挖手臂上的毒疮，一边安慰痛得死去活来的小男孩。毕竟是挖掉身上的肉呀，那种疼痛可想而知，连华佗自己都不忍心。

为了尽快做完手术，华佗虽然下手狠而快，但他的心里却非常难受。于是，他就想到，如果能有一种药使病人感觉不到疼痛，那该有多好啊！

有了这个想法，华佗就在采药行医的过程中，有意去做一些研究。慢慢地，他还真的发现了一些能够减轻疼痛的方法和药。

有一次，华佗给一个昏迷不醒的壮汉治疗伤病。这个壮汉被人打断了肋骨，伤口处一片血肉模糊。治疗时，华佗让旁边的人按住受伤的壮汉，然后用药水一点一点地清洗伤口，擦拭掉凝结的血污，然后才开始做手术，最后又做了缝合和包扎。

从开始清洗伤口，做手术，直到手术结束，华佗惊奇地发现，如此大而慢的手术，受了重伤的壮汉竟然不仅没有挣扎，甚至连一丝呻吟之声都不曾发出过。

这让华佗觉得不可思议。

华佗疑惑地询问了他的家人，了解到伤者的一些情况。

家人的回答并没有什么稀奇的。不过，华佗听伤者的家人说，他是因为喝醉了酒，才与人发生械斗的。因为已经醉了酒，所以他受伤的时候，自己也感觉不到疼痛。没坚持多久，挨了打的醉酒伤者竟然昏了过去。家人感觉事情不妙，这才急急地请华佗来救治。

说者无心，听者有意。

华佗从这起病例中受到了极大的启发，他觉得可以制出一种药，让病人服下后就能像醉酒一样昏睡过去，如此做手术时就不会感觉疼痛，也不会因疼痛而挣扎，那样不但伤者不难受了，手术进行起来也顺利了。

为验证酒精的麻醉效果，华佗决定亲自试验。

有一天，华佗为一个患烂肠疹的病人破腹开刀。

由于病人的病情较为严重，华佗忙了几个时辰才把手术做完。手术做好后，华佗累得筋疲力尽。为了解除疲劳，他也喝了些酒。

华佗劳累过度，又加上空腹多饮了几杯酒，一下子喝得酩酊大醉，躺在那人事不省。华佗的家人被吓坏了，用针灸针刺他的人中穴、百会穴、足三里，可是华佗依旧没有什么反应，好像失去了知觉似的。家人摸他的脉搏，发现跳动正常，这时才相信他是真的醉了。又过了两个时辰，华佗醒了过来，家人便把刚才他喝醉后给他扎针的经过说了一遍。

华佗听了之后大为惊奇：为什么给我扎针我还不知道呢？难道

说,喝酒能将人麻醉,失去知觉吗?

几天以后,华佗做了几次实验,得出结论:酒有麻醉人的作用。后来动手术时,华佗就叫人喝酒来减轻痛苦。可是有的手术时间过长,刀口较大,流血较多,仅仅用酒来麻醉还是不能解决问题。

不久,华佗行医时又碰到一个奇怪的病人。

这个病人牙关紧闭,口吐白沫,手紧紧地握拳,躺在地上一动不动。华佗上前查看病人的神态,按他的脉搏,摸他的额头,可是一切都很正常。

华佗询问患者的家属,病人过去是否患过什么疾病,患者的家人说:"他的身体非常健壮啊,什么疾病都没有患过,就是今天误吃了几朵臭麻子花(又名洋金花),才得了这种病症的。"

华佗听了患者家人的介绍,连忙说道:"快找些臭麻子花拿来给我看看。"

患者的家人把一棵连花带果的臭麻子花送到华佗面前,华佗接过臭麻子花闻了闻,看了看,又摘朵花放在嘴里尝了尝,顿时觉得头晕目眩,满嘴发麻:"啊,好大的毒性呀!"

华佗用清凉解毒的办法治愈了这名患者。临走时,他什么东西也没要,只要了一捆连花带果的臭麻子花。

从那天起,华佗开始对臭麻子花进行实验,他先尝叶,后尝花,最后再尝果根。

实验结果表明,臭麻子果麻醉的效果比较好。

华佗走访了许多医生,又收集了一些具有麻醉作用的药物,经过多次研制,终于把麻醉药试制成功了。

他又让病人将麻醉药和热酒配合服用,发现这样麻醉效果更好。

功夫不负有心人。经过不懈的努力和一次次地实验，华佗终于发明了由曼陀罗花、川乌、草乌为主药的麻醉药。曼陀罗花，又名洋金花、山茄花，有紫色、白色、粉色多种，原产印度。曼陀罗带着浓浓的宗教色彩，其名字来自梵文mandala的音译。

华佗给这个麻醉药起了个名字，叫"麻沸散"。

当时药物学的发展已经为华佗发明麻沸散创造了前提条件，因为《神农本草经》中已经记载了乌头、莨菪子、麻黄、羊踯躅等药品具有麻醉作用，酒醉可使人昏睡的事实也能给华佗以创造的启迪。

可以说，以酒送服麻沸散的全身麻醉方法，就是在这样的背景和条件下产生的，比欧美医生开始施用麻醉药早了1600多年。

华佗发明麻沸散，在全身麻醉的情况下进行腹部手术，这在世界医学史上实在是一件了不起的成就。

关于华佗麻沸散的药物组成，至今仍是一个未解之谜，已无法确切考证。① 相传共有两种组方：其一，羊踯躅三钱、茉莉花根一钱、当归三两、菖蒲三分（见《华佗神方》，张骥《后汉书·华佗传补注》）；其二，曼陀罗花（洋金花）一斤，生草乌、香白芷、当归、川芎各四钱，天南星一钱（日本外科学家华冈青州所收之经验方）。这两种组方皆不可信。

现在大多数人认为，麻沸散的主药可能是洋金花，现今临床上中药麻醉术所用的即是洋金花提取物。也有其他说法。

华佗，无疑是世界上第一个发明麻醉剂和使用它进行全身麻醉

---

① 李经纬：《中医史》，海南出版社，2015，第79页。

的医学家，相比之下，西方麻醉术的发明与健全仅有一百多年的历史。在这以前，西方外科手术的方法一直是相当"野蛮"的：他们或者把病人绑在手术台上生硬地施行，或者把病人击昏后趁机施术，或者用慢慢放血的方法使病人昏迷后开刀。1800年，英国人才发现氧化亚氮（笑气）能在外科手术中起麻醉作用；1842年法国人发现二氧化碳可以做麻药，但只用于动物实验；1844年，美国人柯尔顿开始将笑气用作全身麻醉剂，成功用于手术，但效果不太理想；直到1848年，美国人莫顿开始用乙醚，西方医学的麻醉术才有了飞速的发展。

麻沸散的发明是我国医药史上的不朽丰碑。

四、应用麻沸散

有了麻沸散后，华佗将此麻醉药广泛应用于临床各种大手术之中，深受患者推崇。

相传，有一天，一个经常闹肚子痛的船夫来向华佗求诊。华佗经过细致诊断后，发现船夫的脾坏死了，必须切除。

华佗和船夫沟通了治疗方法，并征得了船夫同意，做手术把脾割掉。

在手术开始前，华佗就先让船夫服下了适量的"麻沸散"。

不一会儿，船夫就迷迷糊糊地昏睡过去，一点知觉也没有了。华佗切除了那个已经溃烂的脾，缝合好伤口。船夫醒后，感觉肚子不像原来那么痛了。后来，又经过一段时间的调养，船夫慢慢恢复了健康。

此后，华佗对麻沸散又进行了进一步升级，让其功效越来越好了。

当时华佗利用麻沸散进行的全麻手术至少有脾切除、清理腹内肿块、断肠吻合或胃肠吻合等几种，而且，从史料中对手术步骤的描写，特别是缝合后敷以生肌收口的"神膏"来看，当时手术的细节也是较为完备的了。

这样的手术即便在今天，仍然算是较大的手术。史料中说其手术缝合的刀口不多久即愈，与现代在无菌环境下的手术刀口愈合期差不太多，说明当时很讲手术的清洁，华佗很可能掌握了一种很好的消毒药膏，所以能取得较好的疗效。

华佗的这种全身麻醉手术，在我国古代医学史上是空前的，在世界古代医学史上也是罕见的。

自从有了麻醉法，华佗的外科手术更加安全高效，治好的病人也就更多。他治病时碰到那些用针灸、汤药不能治愈的腹部疾病，就叫病人先用酒冲服麻沸散，等到病人麻醉后没有什么知觉了，他就施以外科手术，剖破腹背，割掉发病的部位。如果病在肠胃，就割开洗涤，然后加以缝合，最后敷上药膏。四五天后伤口愈合，一个月左右病就全好了。

据说有一次，有个推车的病人，屈着脚，大喊肚子痛。不久，病人气息微弱，喊痛的声音也渐渐小了。

华佗切病人的脉，按他的肚子，断定病人患的是肠痈。因为病势凶险，华佗立即给病人用酒冲服麻沸散，待麻醉之后，又给他开了刀。这个病人经过治疗，一个月左右病就全好了。

华佗为患者进行手术的记载最早见于陈寿《三国志·华佗传》，《后汉书·华佗传》中亦有类似的记载。华佗施行剖腹手术是有史料佐证的,不宜轻易否定。

对此,李经纬在《中医史》中有这么一段论述:

"对于华佗的外科手术问题,曾有过否定的看法,他们认为,在当时不可能做那样的手术,甚至否认华佗的存在,说华佗是神话;他们对国外更早一些的外科手术的记载都承认,但对华佗的事迹却不承认;近来国外有的学者虽也著文认为,当时进行这类手术是可能的,正因为可能,唯其中国人做不了,因此华佗是外国人,是来自古波斯或古印度的人,真是奇怪的逻辑。如果我们认真探索一下中国外科学的发展史实,就会看出上述种种看法都是不正确的。尽管当时手术存在一定的盲目性,失败率也可能较大,但华佗做过这类手术是确定无疑的,有关史书的记载是可信的。试看《后汉书》与《三国志》中对手术步骤、手术当中的具体要求及术后护理等的描述,都是比较合理而正确的,《后汉书》与《三国志》的作者都不是医生,绝不可能虚构出如此确切的一些病例,应该是根据事实的翔实记载。同时,两部史书及其演义中尚有其他一些有关手术的记载,如司马师目上生瘤,医师为之割去;关羽左臂中箭毒,医师为之刳肉刮骨等,说明东汉、三国时在麻醉下进行手术并非罕事。另一方面,其后六朝隋唐时有关外科手术的记载更为精确,表明其时我国外科手术有了更高的水平,而如果没有从汉晋以来的一个学术上的继承发展关系,那是不合逻辑而无法理解的。总之,华佗在我国外科发展史上有着不可否认的杰出的成就,从而成为后世外科医家的一面旗帜。至于说华佗是外国人这就更可笑了,真可谓'崇洋媚外','外国的月亮比中国圆'的殖民地文化之再版。"①

---

① 李经纬:《中医史》,海南出版社,2015,第78页。

有学者认为，陈寿生活的时代与华佗相去不远，故其所记有很大的可信性。

另外，《史记》记述上古名医俞附，能"割皮解肌，湔浣肠胃，漱涤五脏"，同书《楚世家》记述楚王先祖陆终的妻子"析（就是裂的意思）剖而产焉"。陆终是远古帝喾时代火正祝融的儿子。以此来推算，早在四千多年前就已经能进行剖腹手术了。

汉代时，我国铁器锻造水平已经较高，有锻造出用于手术的利器的条件。从《内经》里已经有比较正确的解剖知识，《五十二病方》中有割治化痔的手术设计，以及《武威汉代医简》记有"治金疮（创）肠出方"等来看，华佗在继承前人经验的基础上，结合"麻沸散"的应用，施行剖腹手术，是有一定的可能性的。

此外，酒服"麻沸散"的可信度也是有的。

《战国策·魏策》说："昔者帝（禹）女令仪狄作酒而美……"说明在四千多年前已经能够制酒了。战国《世本》说："少康作秫酒。"苏颂《图经本草》说秫是黏黍，即黏高粱，推知秫酒是白酒。

秫酒很早就已经应用于医疗，如《素问》中有汤液醪醴专论，《灵枢·经筋》篇记载"以白酒和桂以涂其缓者"的治疗方法，张仲景有"括蒌薤白白酒汤"等等。《五十二病方》中有用醇酒和芥菜籽等药和而饮之，"令金疮（创）毋痛"的处方，已属于麻醉剂。同书中还有用酒与温水对被犬啮者清疮、止痛、消毒的方法，并叮嘱"毋（以）手操痛"（不要用手接触创口），说明当时已经具有了消毒的观念。

从有关的记载来看，华佗时代的医生们施用开刀手术以医治某些疾病，并不是偶然的或个别的医例，而是已经成为较为普遍的事情。

如果说这些解剖行为构成了那个时期的医学文化背景的话，那么它们很可能就是华佗敢于操作腹腔外科手术的重要原因之一。

在古代所施行的各种开刀手术中，难度最大的莫过于剖腹手术。华佗在这方面有突破性的成就，而且是用麻醉药来配合进行的。

姑且不论麻沸散的配方究竟如何，对于麻沸散是麻醉药这一点，意见是一致的。如果具备了清创、消毒的观念与方法、药物，拥有麻醉药和精良的手术工具，那么华佗在总结前人经验的基础上，进行剖腹手术完全是有可能的，这实在是我国医学外科学术史上的辉煌成就。

不过，陈寿在《华佗传》中讲到华佗的两位弟子时，并未讲到他们能开刀医人，可见华佗的开刀医术未传世。

五、手术"草医堂"

"有了麻沸散，治病如神仙。"相传，自从麻沸散研制成功以后，民间纷纷传颂着这样的话。

找华佗看病的人越来越多，他的名气也越来越大，尤其是过去被认为生了"不治之症"的外科病人接踵而至。

相传，一天晚饭后，华佗和妻子商定，等来年开春，就把药铺迁到谯县城里，这样能够方便来求医问诊的乡亲们。

初春的谯城，乍暖还寒。悠悠涡水缓缓东流，几叶打鱼的小舟在河面上荡漾，要不了多久，这里将是芍药红遍、桐花满天的无限春光。

华佗把药铺搬进谯城之后，把看病的地方叫作"草医堂"。

"草医堂"这个名字既响亮又亲切，体现了华佗从医的初心，也见证了华佗行医人生中的喜怒哀乐。

"草医堂"位置相传就在今天亳州市的永安街中段路北，东邻神农氏衣冠冢，南邻曹操的斗武营。

民间传说，有一天午后，华佗回到小华庄给几个老病号送药，顺便看望了一下乡亲们。闲暇之余，他来到自家的庭院里浇灌花木。

这时，华佗突然发现了一株长得很大的月桂，粗壮的树干上有一道隆起的箍，像是断了又接上去的。他望着这道箍出神，慢慢地回想起来，这月桂还是他年幼的时候，父亲亲手嫁接的。

看着月桂嫁接的茬口，华佗脑中立刻闪过一个念头：月桂能嫁接，人的手断了，怎么就不能接上长好呢？

于是，他兴奋地在园中急急踱步，竟被一棵桑树绊倒。当他忍着疼痛，扶着桑树站起来时，发现这棵桑树长歪了树干，心想，如果用枝条或木板固定好断枝，那么这个枝干一定不会长歪的。于是，他在桑树干上不断地进行试验，最后终于获得很好的效果。

几个月后，当他看到一株被接活了的桑树枝干时，高兴得简直无法形容。他立即取来斧锯，带着学生樊阿砍下一些粗细长短不等的桑树枝干，整修成一块块木板、木条，打算用于骨折病人断肢的包扎固定。

不久之后，华佗真的就用这种办法为骨折病人进行治疗，并取得了明显的效果。一般来说，几个月后，病人的断骨便会自动长好。

有学者经考证认为，现在断肢接骨的小夹板固定术就是华佗那时传下来的。

一日,华佗的"草医堂"里抬进一个姓刘的病人,他家住在城里,是个木匠。他在用工具削木料时,木料一滚,一失手将工具削在小腿骨上,伤势严重,流血不止。

华佗急忙实施抢救。

伤者回家后,由于行走不便,华佗天天登门为其换药。

刘木匠伤好后,非常感激,心想:要不是华佗的医德医术好,自己不死也得变成残疾!俗话说,滴水之恩,当以涌泉相报。

怎么报答华佗的恩情呢?若仅仅送点礼物,表达不了心意。他想起那天负伤去药铺求医,看到药铺里满地摆的都是些坛坛罐罐、盆盆篓篓,足有四百余个,连个下脚的地方都没有。后来听华佗讲,那里面装的都是药,四百余种药品分别装在四百多个坛坛罐罐、盆盆篓篓里,由于铺内空间有限,华佗将常用的365味药分成上、中、下三品归类,仍旧无法放下,整个药铺里摆得满满的,拿起药来很不方便。

言者无意,听者有心。刘木匠在家跟老伴商量:要是做个药橱,装上许多抽斗,把那些药物分放在抽斗里,这样取药配方,不就方便多了吗?

于是,刘木匠决定替华佗做个药橱,按照华佗在药铺中的摆设,将药物分为365味,药橱内分10行、9层,每个抽斗内又分成4格,共360格,9层下面再设置5个大斗,这样,365味药物正好可以各就各位。

刘木匠将药橱做好后,请来一班吹鼓手,将药橱披红挂彩,一路抬着,吹吹打打送到华佗的"草医堂"。

华佗看过刘木匠送来的药橱,非常高兴,他仔细一看,药橱正好可装下365味药。

转眼间,华佗的"草医堂"搬进谯城已三年有余。

一天,眼看药橱里很多草药就要用完,华佗跟妻子和学生樊阿商量,时下正是春暖花开时节,自己出趟远门,上泰山采些稀缺之药。

这天,华佗身背药篓和药囊,路过一座城池。他正准备找个地方歇息,忽见一个宅院门前围了很多人,华佗走近一打听,才知道这家的女主人是个叫柏秀英的画家。

前些天,柏秀英突然生了一种妇科怪病,出现"八瘕证",肚子痛得翻身打滚、死去活来。医生也请来看了,吃了不少药,可就是不见好,还越来越厉害了,大家都为她的安危担心。

围观的人群中,有一个中年男子见华佗身背药篓和药囊,像个走方郎中,就问:"先生可否给画家柏秀英诊治一番?"

中年男子的这番话,引起了一番争执。

有人说:"多少名医都看不好,找来个无名草医有什么用!"还有人说:"我们这里离谯县太远,否则去把华佗请来,肯定能够得救。"

华佗听了,呵呵一笑,说:"请华佗不难,捎个信去他准会来。可惜远水救不了近火,我既然碰上了,不妨就让我看看。"

反对请草医的人,见此人大言不惭,更加轻蔑地说:"不是我们小看你,有真本事的医生,人家请都来不及,哪里还有闲工夫背着药囊到处游走。你还是别逞能了,哪家小孩生个什么脓疮、长个什么疖子,再请你吧!哈哈哈……"

华佗也不甘示弱,说:"华佗不也是喜欢背着药囊,村村寨寨走方行医的吗?常言道:'单方能治大病,草医气死名医。'我好歹是个医生，看看总不会有坏处吧！"

华佗的话句句说在理上。于是，人们把他带到柏秀英病床前。那个最初喊住他的中年男人更是热心地向他诉说病情。

华佗一面认真地听，一面又是看舌象，又是切脉搏，又是摸痛处，最后十分干脆地说："病人腹内长了疙瘩，所以作痛，只要开刀切除，疼痛即能消除。"

这时，人们又议论开了："自古以来只有身体外面长的疙瘩可以割掉，还没有见过剖肚取身体里面疙瘩的。"

"听说如今华佗能够剖腹开刀了，而且还能不痛。可是说来说去，找不到他还是空话。"

"说说容易，我也会说。自己不能动手等于白说。"

华佗果断地说："我来开刀。这个疙瘩已经有鸭蛋大了。事不宜迟，立即手术。"

说干就干。华佗让病人用温酒服了一包药粉，不多时，病人呼呼酣睡。

接着，华佗剖腹取瘤，果然取出鸭蛋大小一个肉蛋。然后他缝合伤口，敷上药膏，这一切做得是那么干净利落。待一切收拾停当，华佗坐下休息的时候，病人如一觉睡醒，张开了双眼。

这时，围观的人们也如梦初醒，发问起来："你就是华佗吧！"

"我是谯县来的走方郎中。"

"他，他就是华佗，华佗来了！"那个中年男人嚷嚷开了。

事后，女画家柏秀英为了报答华佗的治病救命之恩，画了四幅花鸟屏，送给了华佗。

几个月后，华佗雇了三辆马车，满载着各种草药，回到了谯城。他回家的第一件事，就是把那四幅丹青放置于草医堂。

华佗的草医堂,自此洋溢着春天温暖的气息。

六、"救命如救火"

相传,有一天,天刚蒙蒙亮,华佗因头天夜里很晚才睡,正熟睡未醒。突然,砰砰的敲门声,把华佗家人震醒了。学生樊阿跑到门口一看,只见两个人抬着一个病人,后面还跟着一位中年妇女。

病人是男的,约四十来岁,两手捂着肚子,额上汗珠儿直冒,嘴里哎哟哎哟地呻吟不停,痛得直在担架上打滚。樊阿赶紧跑进来告诉华佗说:"先生,来了急症病人,得马上抢救。"

生命至上。华佗二话没说,立即披衣起床,亲自出去,叫把患者抬进屋来。安顿好之后,他马上进行检查。华佗通过望色、切脉、按腹部,诊断病人得了肠痈病(急性阑尾炎)。他吩咐弟子说:"快拿针来,先给扎两针试试看。"说着,他又取出几丸药,让患者用白开水送服。扎针服药后,患者稍稍安静了片刻。过了一会儿,患者疼得更厉害了,呻吟得也更厉害了。

那个中年妇女央求说:"华大夫,您行行好吧,我家就靠孩子他爹这个劳动力啊!"华佗安慰说:"甭着慌,有办法的,万一不行就开刀。"

患者的家属听说要开刀,有些恐惧,又求情说:

"开刀多可怕呀。华大夫,您还是另外想个办法吧!"

华佗解释说:"这个病,扎针服药都不顶用。如果不开刀,病情势必恶化,那就十分危险了。你不要怕,这样的手术我们已经做过不少了,效果都很好呢。"病人家属这才勉强同意开刀,但惊恐疑虑的情绪并未完全消除。华佗让弟子们将麻沸散及手术刀具取来，先让患者用酒吞服麻沸散。病人开始还在呼叫呻吟，顷刻之间就安静地躺着不动了，逐渐失去知觉，就好像醉死了一般。

华佗让学生樊阿和吴普做助手，随即动手开刀。剖开腹部一看，里边全是脓血，腥臭冲鼻，原来阑尾已经溃烂，难怪患者那么疼痛。

华佗首先将脓血和污秽清除掉，再把阑尾割去，又用药水把患部洗涤干净，缝合起来，敷上一种特效药膏。四五天之后，创口逐渐愈合。过了一个月左右，病人恢复了健康。

后来，患者和家属专程前来拜访，向华大夫表示感激。

为了治病，华佗累得日渐消瘦，妻子为此对他的健康有些担心。

有一天，华佗行医归来已是很晚，十分劳累，疲惫不堪，晚饭没吃就上床睡了，华佗的妻子云卿对他徒弟吴普说："你师傅太累了，今晚就让他安静地睡一晚吧，如果今晚有人来敲门求医，就说他不在家。"

"是啊，师傅是该好好地休息一晚啦。"吴普回答。

果然，深夜时有人来找华佗看病，吴普回答说华佗不在家，明天早晨再来吧。

敲门的人一听华佗不在家，便在门外大哭起来："今夜请不来华神医，我丈夫就没有救了啊。"

华佗被哭声惊醒，听说有病人，马上爬起来，妻子云卿连忙拉住他说："你太累了，赶紧歇歇吧，瞧病还有明天呢。"

"胡说！"华佗边穿衣服边说，"事有缓急，病有轻重，看病就是救命，救命如救火，慢一步就要耽误人家的性命啊！快打开门让病人进来。"

开了门,病人被抬了进来,病人的妻子见到华佗,跪在地上就叩头。

华佗连忙拉起她,走上前去看病人,经过诊断,此人得的是肠疾,肠已经溃烂,必须开刀,剖肚截肠。

事不宜迟,华佗师徒不多时就做好了术前的准备工作,在自家卧室里做起手术来。

手术后,华佗对吴普说:"这病如果再迟上一顿饭的工夫,就没救了,这是多么危险啊,你为什么要说假话呢?"

"师傅,我……"

吴普一时语塞,低着头对华佗说:"我是怕你太累了,身体顶不住。我……我今后不会再说谎话。"

华佗严肃地对吴普说:"医生对病人说谎,是要害死人的。"

妙手神针

华佗在针灸领域的贡献，如创造夹脊穴针灸法等，影响深远。

一、针灸史与"针灸热"

我们都知道，历史上中国有四大发明——指南针、印刷术、造纸术、火药，这是华夏文明的重要标志，也是我们祖先给后人留下的财富。

针灸虽非四大发明之一，却也是中国古人一个发明。它的影响和地位，虽然不及四大发明，但在保护和守卫人类健康方面，其重要意义与四大发明亦可相提并论。

针灸疗法是以中医理论为指导，运用针刺防治疾病的一种方法。针灸疗法的特点是在病人身体的一定部位用针刺入，或用火的温热刺激患部，以达到治病的目的。前一种称为针法，后一种称为灸法，二者统称为针灸疗法。

针与灸虽然是两种用具不同的外治方法，但它们都是通过作用于人体的一定部位，主要针对某一经（腑脏）的病变，在病变的临近部位或经络循行的远隔部位上取穴，调整经络气血的功能、活动,激发机体的"经气",从而达到预防和治疗疾病的目的。

接受针、灸刺激的部位称为腧穴。腧穴在生理上是人体脏腑经络气血输注于体表的部位;在病理上是内在疾病反应于体表的部位;针灸的根本作用就在于调整生理机制的各种功能。

华佗在针术和灸法上的造诣令人钦佩。

相传,华佗使用针灸的方法,急救了许多猝死、中恶、缢死、霍乱等病人,施行了数百次,都是针灸刚刚结束,病人就可以坐起来了。

华佗行医图(亳州中医文化博物馆)

曹操作为三国时代著名的政治家、军事家、文学家,由于长年的征战,身体一直不好。他患有一种叫"风眩症"的病,常常头痛,虽经多位医官治疗,都不见效。一天,曹操从侍从那里得知,家乡有一位医术很高明的医生,曹操立即派人将他召来,这个医生就是华佗。

华佗诊断曹操的头痛病是由"风邪"引起的,每次发病时,华佗就用针刺他的膈俞穴,头痛马上就停止了。也因为这个,华佗成为曹操的座上宾,但最终因此招来了杀身之祸。

针灸作为一种传统的中医疗法,经历了几千年的历史,形成了自己独特的理论体系和技术方法。因此，针灸在中医药学中的地位和价值不仅体现在治疗疾病方面，还体现在其所蕴含的历史、文化和传统价值方面。

针灸学是在中国特定的自然与社会环境中生长起来的科学文化，蕴含着中华民族特有的精神、思维和文化精华，包含着大量的实践经验和技术技艺，凝聚着中华民族强大的生命力与创造力，是中华民族智慧的结晶，也是人类文明的瑰宝。

人们相信针灸疗法开始于大约2000到3000年前，但人们不清楚它起源自何处，为什么人们会用针刺穴位来治病。

有一种"中箭说"，说是古代什么时候，北方一带，两军交战，一位士兵腿上中箭，看大夫的时候，这位士兵说中箭后感觉很舒服，多年的肩膀疼痛突然消失了，治病的大夫由此学会了用针刺特殊部位以治疗肩膀疼痛，从此针灸疗法就诞生了。

这个说法流传最广，但很多人质疑，因为中箭的创伤太大，即使偶然箭射到了某个穴位，也不会有什么效果。

又有人提出，针刺疗法可能源自放血疗法，因为放血治病很早的时候就有，在不同部位放血的效果不同，针灸疗法可能是源自放血，但这个说法也有很多问题，放血都是割开血管，而针灸穴位极少是在血管上的，很难把两者联系起来。

我国现存最早的针灸相关文献是马王堆汉墓出土的《足臂十一脉灸经》，据考证可能是出自春秋时期。战国秦汉时期，产生了中医巨著《黄帝内经》，对经络的循行和针灸方法等都做了比较详细的论述。随后《难经》又补充了《黄帝内经》的不足。此时期华佗创立了华佗夹脊穴，张仲景也创用了很多针灸处方，这些都丰富了传统医学的针灸理论。

魏晋到宋金元时期，针灸疗法得到了进一步的发展。皇甫谧的《针灸甲乙经》，葛洪的《肘备后急方》，孙思邈的《备急千金要方》，以及王惟一的《铜人腧穴针灸图经》，王执中的《针灸资生经》等都对针灸学的发展做出巨大贡献。

汉代民间医生也都掌握针灸治疗技术，有些还以此而著名。涪翁就是其中代表。涪翁，东汉时期四川人，由于他每每垂钓于四川涪水附近，人们便以"涪翁"称之，其姓名却逐渐不为人所知。《后汉书·方术列传》记载："初有老父，不知何出，常渔钓于涪水，因号涪翁，乞食人间，见有疾者，时下针石，辄应时而效，乃著《针经》《诊脉法》传于世。"由此可见，涪翁并不以医疗为谋生之业，他为人治疗疾病全出于义务，不向病家索取钱财物品。他以垂钓和乞食为生，是一位贫寒而热心为百姓针灸治病的针灸学专家。

从现有资料看，涪翁是我国最早的针灸专科医生，并且有针灸著作，其医德令人钦佩。更可贵的是他在贫困的环境下，仍不忘培养后继人才。

有个名叫程高的人，看到涪翁的品德学识，对涪翁十分崇拜，得涪翁应允，便拜师学艺。涪翁乃将自己的学识毫无保留地传授给程高，程高不但继承了老师的学识、技术，也学到了老师高尚的品质，隐居于群众之中，长期在民间行医，年老时又将自己的针灸疗法等，毫无保留地传授给郭玉。

郭玉，四川广汉人，精通针灸学和脉学。郭玉长期在民间行医，他继承了涪翁、程高的道德品质，"虽贫贱厮养，必尽其心力"，深受群众的爱戴，医名鹊起。和帝时，郭玉被召为太医丞。一次，和帝问郭玉：你诊治贫苦病人效果很好，但治疗富贵之人的病，反而效果不如贫苦病人，这是什么原因呢？郭玉说：医生在无拘无束时，才能充分发挥自己的聪明和才智，如果处于紧张、惴惴不安，甚至恐惧状态，就无法施展自己的才干和技巧。给贫苦人家诊病，医生很自然处于无拘无束状态，没有任何紧张和恐惧的思想负担，故能处之泰然，诊病处方都会恰当，疗效也就很好。反之则很难取得好的效果。他接着还论述了为贵族治疗疾病的四难。他说："夫贵者，处尊高以临臣，臣怀怖慑以承之。其为疗也，有四难焉。"所谓四难，就是这些达官贵人自以为是，不听医生的话；对自己的身体不知爱惜；身体骨节不强，不能应用药物；好逸恶劳。接着，郭玉强调："针有分寸，时有破漏，重以恐惧之心，加以裁慎之志，臣意且犹不尽，何有于病哉？"和帝连连称善。

明代在针灸发展史上也是一个高潮时期，表现为对前代针灸文献进行了广泛的搜集整理，出现了丰富的汇编型针灸著作，尤以杨继洲的《针灸大成》内容最为丰富，对后世针灸发展的影响也最大；开展了内容广泛的对针刺手法的研究，并围绕着手法研究形成了学术争鸣；灸法研究也趋于多样化，从用艾炷的烧灼灸法向用艾卷的温热灸法发展，并于艾卷中加药，实现了辨证论灸；继承宋代铸造针灸铜人的优良传统，另行铸造新的针灸铜人，促进针灸医学进一步规范发展；整顿历代经外穴位，指出"奇穴"，对扩大针灸学的治疗范围做出了新贡献。

但是，到了清代，由于众多原因，针灸开始走向衰退，针灸的发展受到阻碍。

中华人民共和国成立后，党和国家积极发展中医，重视针灸事业。

针灸不仅在民间广泛地流传和应用，满足了人民群众医疗上的需要，而且不断走出国门，受到世界各国人民的重视和信赖。

1971年7月，美国《纽约时报》记者詹姆斯·雷斯顿来华访问。他在访问中不幸患上阑尾炎，在北京一家医院接受阑尾切除手术治疗。术后他感到腹部不适，便接受了针灸治疗。

回美国后，詹姆斯于7月26日在《纽约时报》头版发了一篇报道，标题是《现在让我告诉你们我在北京的手术》，头版只登了一小段，而文章的主要部分登在第6版上，文章占了将近一整版，并配有作者在北京一家中医院针灸诊疗室的照片。

詹姆斯当时已经62岁，由于《纽约时报》在新闻界中的地位，在一般美国人心中，像他这样的记者写出的文章可信度是极高的。小小的银针可以用来止疼，还可治疗好多病，没有毒副作用，这在西方是从来没有过的神奇事。当时正值白宫宣布尼克松总统将于1972年访华，针灸医术的神奇疗效在美国民众中引发了浓厚兴趣。

1972年，尼克松首次率团访华，参观了中国的"针刺麻醉"手术，看到病人在清醒的状态下接受开胸、开颅等大型手术，感到十分惊奇，难以理解。在向尼克松赠送的礼品中，有一本外文出版社出版的英文版《中国针刺麻醉》。代表团返美后纷纷宣传"针刺麻醉"的神奇，再一次引起美国民众的浓厚兴趣，美国医疗界对中国针灸医术开始有学习的愿望。中医针灸随之传入美国，并在世界上产生了"中医热"和"针灸热"。

针灸作为中医的代表疗法之一，具有重要的历史、文化和传统价值。

由于针灸疗法具有独特的优势，有广泛的适应性，疗效迅速显著，操作方法简便易行，医疗费用便宜，副作用极少，远在唐代，中国针灸就已传播到日本、朝鲜、印度、阿拉伯等国家和地区，并在他国开花结果，繁衍出一些具有异域特色的针灸医学。

据世界针灸学会联合会统计数据显示，到目前为止，针灸已经传播到世界183个国家和地区，针灸在65个国家和地区获得合法地位，为保障全人类的生命健康发挥了较大的作用。①

2017年1月在瑞士日内瓦，国家主席习近平与世界卫生组织总干事陈冯富珍共同见证了《中华人民共和国政府和世界卫生组织关于"一带一路"卫生领域合作的谅解备忘录》等协议的签署，并出席中国向世卫组织赠送针灸铜人雕塑仪式。

中国的医学向世界展现了它古老的技术成就，及在今天对人类健康维护的意义。这个浑身布满穴位的铜人雕塑，吸引了世界的目光。

最早的针灸铜人相传是北宋年间宋仁宗诏命翰林医官王惟一所制造，其高度与正常成年人相近，胸背前后两面可以开合，体内雕有脏腑器官，铜人表面镂有穴位，穴旁刻题穴名，同时以黄蜡封涂铜人外表的孔穴，其内注水，如取穴准确，针入而水流出。针灸铜人是非常了不起的教学模型。

当然，中国针灸的国际化传播也反映了一种西方式的豁达，现代医学占据主导地位的西方国家，居然能承认形态学上不确定的经络传感性能的存在，能接受机制不明的针灸、针麻疗法的应用和推广，这一点既可说明他们对中国传统医学的探究兴趣，又体现了他们在医学上的包容。

---

① 张梦雪:《让世界认识针灸的科学价值》,《中国中医药报》,2022年1月21日。

二、首创夹脊穴针灸法

华佗的针灸学思想博大精深,这些美丽的中医瑰宝,散见于《三国志·华佗传》《后汉书·方技传》《脉经》《肘备后急方》等古籍中,是研究华佗学术思想的主要依据。经过理性的整理、归纳、提炼和选择,我们可以发现,华佗用针取穴精简,手法娴熟,针刺深,注意针感传导,常针灸一二处即起效,重视灸法应用,针药并用更是出神入化,他发现的"华佗夹脊穴"是至今仍被推崇和使用的经外奇穴。

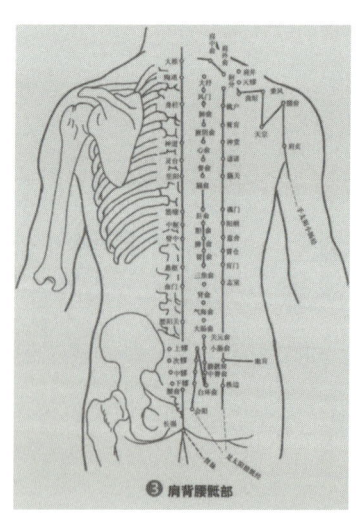 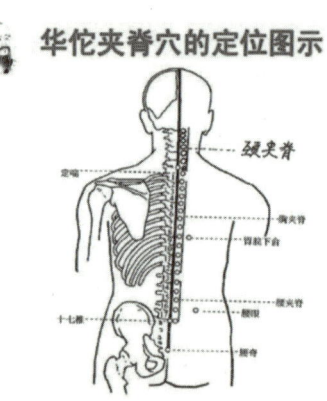

夹脊穴位置图(亳州中医文化博物馆)

华佗在长期积累临床经验的基础上，首创了夹脊穴针灸法，这是他在针灸科学上的一个突出贡献。

"夹脊"又名"佗脊""华佗夹脊"。"脊"就是指脊骨，俗称脊梁骨。脊骨第一胸椎骨至第四骶椎骨之间，一共二十一节。《三国志》裴注记载："……点背数十处，相去一寸或五寸……灸处夹脊一寸上下。"现在中医中的夹脊穴，指自第一椎下至第十七椎下，每椎从脊中行旁开五分处取穴，左右共三十四穴。穴在脊旁，夹脊上下相连，故称"夹脊穴"。其分则有三十四，合则为一。这组穴位能治疗咳嗽、喘息、腰背部酸痛等慢性疾病。

华佗夹脊从属于督脉和足太阳膀胱经，与脏腑密切相关，是体内脏腑与体表背部相连通的点。

按神经生理学观点来看，相应脊神经节段分布区受到针灸刺激，可以激发神经及体液的调节作用，从而改善神经、肌肉的营养状态，促进血液循环，也可以使内脏各系统的机能得到应有的发挥，以改变其病理状态，从而使人体渐渐趋于康复。

华佗夹脊针刺治疗法受到古今针灸学家们的重视，其临床治疗范围广泛，疗效卓著，且针刺安全，至今仍然应用于临床治疗。

近代学人在《中国针灸学》[1]中首先提出了"华佗夹脊穴"的名称，包含34穴，归入经外奇穴。

孙思邈的《千金要方》记载华佗治疗霍乱之事：让病人仰面躺在床上，两手伸开，夹脊骨两边相距各一寸半的地方，各下若干针，都是针到即好，没有一次出差错的。可见，华佗在行医过程中，针刺夹脊穴的应用较为广泛。

---

[1] 承澹盦：《中国针灸学》，载陈可冀《现代著名老中医名著重刊丛书》（第五辑），人民卫生出版社，2008。

华佗：苍生大医的人生传奇

有人足部不知道患了什么病，得病后两脚糜烂，不能走路了，家人用车拉着他去见华佗。华佗诊脉后看了看说："这个病不严重，不用手术，直接针灸后再服些汤药就可以了。"于是让病人脱掉衣服，在背上做了几十处记号，说在这些地方各灸七个艾炷，等到灸过的疤痕愈合以后，就可以走路了。

葛洪《肘备后急方》记载：对于那些身染霍乱后将死的病人，其他药物已经不能治疗的时候，华佗让病人平躺在床上，伸展双臂对以绳度两头，肘尖头依绳下夹背脊大骨穴中，距离脊各一寸，下百余针……已经尝试了数百人，都是治疗完毕就可以坐起来行动的。

根据现代解剖生理学来看，华佗取穴的地方，是接近于脊椎两旁的交感链，如果在这个部位扎针，不仅能确保安全，又可以取得较好的针刺效果。

目前，已有不少学者从现代医学的角度来认识夹脊穴的作用及其机理[1]，临床和实验研究已初步表明，华佗夹脊穴针灸对于治疗不少疾病有明显的疗效，其中包括心血管疾病、消化系统疾病、神经系统疾病、呼吸系统疾病等。

从长期的临床经验来讲，针对心血管疾病，夹脊穴针灸可以帮助调节血压和血糖，从而缓解心血管疾病的症状和预防其复发。夹脊穴针灸还可以增加心脏的供血量，增加血液中的氧含量，提高心肺功能，预防动脉硬化和冠心病等疾病。

针对消化系统疾病，夹脊穴针灸可以对胃肠道的排泄和吸收起到促进作用，增强肠道壁的收缩力和内分泌功能，促进胃液的分

---

[1] 张华等：《华佗夹脊穴的形态学探索》，《上海针灸杂志》，1992年第2期。

泌，同时还具有消炎止痛的作用。

针对神经系统疾病，夹脊穴针灸可以调节人体的神经系统，包括中枢神经系统和周围神经系统。在治疗神经系统疾病方面，不论是调节感觉神经还是运动神经，都能起到积极的作用。

针对呼吸系统疾病，夹脊穴针灸可以调节呼吸系统，增强肺功能，促进肺气的排出，减少感染。夹脊穴针灸对于支气管炎、肺结核等呼吸系统疾病有着显著的治疗效果。

可见，华佗发明的夹脊穴针灸在治疗各种疾病方面都具有显著的疗效，它通过调节人体的生理机能，增强人体免疫力，改善血液循环，缓解肌肉和神经疲劳等，帮助人们缓解疾病带来的痛苦，提高身体的健康水平。

到今天，华佗夹脊穴灸法已成为安徽省省级非物质文化遗产。

华佗夹脊穴针灸在临床应用中有着广泛的前景，对于一些常见疾病，如颈椎病、腰椎病、关节炎等都有着一定的疗效。但华佗夹脊穴针灸并非适用于所有疾病，对于一些严重疾病，如心脏病、高血压等，则需要谨慎使用；对于一些特殊人群，如孕妇、儿童等，也需要谨慎使用华佗夹脊穴针灸。

三、"这叫穿心针"

在临床的实践中，医生的禁忌是"针筋不针心"，因为心是一人之主，如果扎走了针，就会有生命危险。但相传，华佗胆大心细，曾创新性地打破这个禁区。

据说，当时有位壮年汉子，年轻时得了心气病（就是胃病），经常喊胸口痛。他痛了好多年，经过了好多医生的诊治，吃过很多药，也不见疗效，此病只有针灸才能治疗。有一天，这汉子的心气病再次发作了，疼得满地打滚、叫嚷，几位医生会诊后，都说病人得的是"心气病"，没有什么特效的药物，非针灸不可，但是没有一个医生敢下针。

这时华佗来了，说："能针。"

他把病人按倒，按好穴位，找块麻布蒙上了病人的双眼，让病人不要乱动，嘴里喊着马上下针之类的话，使病人极度紧张，等病人的紧张情绪过去了，华佗含口凉水，趁病人不注意之时，猛然往病人胸口处一喷，病人被凉水一喷，突然一惊，华佗便以迅雷不及掩耳的速度，对病人心窝处"啪嗒"一针扎下去，针入肉三寸，停了一会儿，将针左右摇动，上下捻搓，旁边的医生吓得舌头直伸。

病人当时心就不痛了。

众医生问华佗："这叫什么针法？"

华佗说："这叫穿心针，刚才在病人胸脯上喷一口冷水，是为了使病人心房猛然往上一提，一针下去，正好扎在腹部和胸部之间的膈肌里，但必须快，稍微迟缓，针扎在病人心上，病人就会被立即刺死。"

华佗把针法告诉了众医生。

医生们听了他的话，十分钦佩，都想拜华佗为师。

华佗告诉他们说："这种针法只是我心里想出来的，我并没有什么精巧的医术啊。只要胆大心细、眼疾手快，就行啦。"

由于得到华佗的真诚传授，后来许多医生学会了"穿心针"，在各地救活了不少害心气病的病人。

上面的民间传说，其实也有些现实依据。在清代张廷玉等编写的《明史·方伎》中就写有应用"穿心针"救治病人的典型案例：

吴江有一妇女临产，已经三天了还未生下胎儿，产妇痛苦难忍，呼号求死。医生凌云①以针刺其心，针一拔出，胎儿就呱呱落地了。主人很高兴，问医生原因。医生说："这是抱心生，我用针刺痛了胎儿的手，他便松手出生了。"看胎儿手掌，果然有针刺的痕迹。

吕景山，受著名医学家施今墨、祝谌予的指导和帮助，1976年作为中华人民共和国培养的针灸人才被国家选派参加援助喀麦隆的医疗队。1976年的一天，正在埋头整理病案的吕景山听到同事喊他："有病人！"吕景山连忙起身，拿起一个针灸消毒包就往隔壁诊室快步走去。诊室里外都是人，有喀麦隆当地的医生和援助的医生。原来，是一位黑人青年因与老板发生争执，大怒一场后突然失语，束手无策的家人把他送到中国医疗队。吕景山了解基本情况后，心里有了底，他让患者仰卧，撩起衬衣，自己抽出一根银针，在患者胸部膻中穴刺入，向上下左右行针，同时用法语问患者："你是哪里人？"当行针至左上方时，吕景山感觉手下的银针开始发沉，连忙加大刺激力度。行针至两分半钟后，这位失语半个月的青年脱口而出："杜阿拉！"顿时，整个医院沸腾，200多名住院患者和家属排成长龙，包括负责这位患者治疗工作的法国大夫，他们在院子里一边转圈，一边兴奋地喊着："中国医生真神奇！"②

这里，吕景山用的就是"穿心针"。

---

① 凌云，字汉章，归安人（今浙江省湖州市），明代御医。
② 张永和、张婧：《大国医施今墨》，华文出版社，2021，第196页。

四、针感与针灸传承

《隋书·经籍志》载有华佗《枕中灸刺经》一卷。该书是华佗一生针灸经验的总结。但该书很早就已经散佚了,致使其针灸经验未能被全部继承下来。从现存古籍中,只能寻觅到有关华佗针灸技术的点滴记载。

其中有个病例,是用针灸给孕妇取死胎。

有位李姓将军,他的妻子病得很厉害,腰酸背痛,吃不下饭,喝不了水,很多医生长期都治不好,就去请华佗前来医治。

华佗仔细检查后,认真对李将军说:"从脉象上看,你的妻子是在怀孕期间受了伤,胎儿没下来,至今仍留在你妻子的腹中,引起疼痛。"

李将军不信,对华佗说:"对呀,夫人确实是怀孕的时候受过伤,但胎儿已经流产了,而不是留在腹中啊。"华佗说:"根据脉象,胎儿并没有流产。"

将军认为不是那么回事,华佗也就不再去了。

李妻稍觉好转,但一百多天后再次复发了,没办法,只有把华佗又请过来。华佗检察完毕,还是那个话,说:"这种脉象按例就是有胎。前次本来该流产两个胎儿。在她受伤以后,一个胎儿先流产,胎水流得太多,后一胎儿来不及产出。母亲自己不知道,旁人也没有弄清楚,就不再接产,后面的胎儿就没有出来。胎儿死后,没有了血脉的滋养,必然干枯,附着在母体的后腰部,使血脉不通,这就是她的脊背疼痛得厉害的原因。现在应当给她服用汤药,并且用针刺一个穴位,如此,这个死胎就一定能够产出。"

服用汤药并用针刺过以后,李妻肚子痛得很厉害,就像要生孩子一样。

华佗说:"这个死胎长时间枯萎,让她自己产下来是不可能的,需要有人帮助把胎儿取出来。"于是,华佗让学生把这个胎儿取出来。学生果然取出来一个已死的男胎,手脚都已完备,只是颜色已经变黑,有一尺左右长。

此刻,李将军向华佗投来敬佩的目光。

针灸大夫都知道,治神是针刺的基本原则,是提高针刺疗效的重要内容。《黄帝内经》多次强调治神守气是针刺的基本原则。华佗以治神作为针刺治疗的秘诀,并贯穿于临床治病的全过程,他在施治的每一环节,都能做到以治神为本,细心领悟,融会贯通,为患者去除病痛。

针灸的奥妙在于把握针感。所谓"针感",是指针具刺入人体腧穴后,经医生施以一定手法而产生的酸、麻、胀、重等不同性质的感觉,习称为"得气"。

得气与否,气至之迅速,程度之强弱,传导之远近,直接关系到治疗的有效无效,效显效微,所以历来针灸医家对这一问题都非常重视。

由于华佗精于外科,十分熟悉人体的解剖知识,因此,他在取穴进针时,多能结合人体解剖学特点给予恰当的处理,并能以此阐发针刺机理。

华佗用针时取穴精要,《三国志·华佗传》中载:"若当灸,不过一两处,每处不过七八壮,病亦应除;若当针,亦不过一两处。"

这体现了华佗在针灸治疗过程中取穴极精。华佗还特别重视在针灸过程中诱导病人意念入静，注意对病人的"神"的控制。他通过巧妙的治疗手段，使病人由偏阴偏阳的状态进入阴平阳秘的状态。他要求学生们要随机应变地对患者施以各种入静手段，达到最佳的针灸效果。

相传，一天，华佗家里挤满了病人，有的因疼痛难忍，呼号呻吟。其中有位老太太捂着脸颊说："哎哟哟，痛死我了。"原来她是牙痛难耐。

华佗赶忙迎上前去，扶老太太坐好，并且安慰说："不要紧的，一会儿我给您扎几针，就会好。"

华佗仔细察看了病人的口腔，只见牙龈红肿，知道是风火牙疼（炎症）。他叫病人将手半握拳头平放在桌上，接着在患者双手拇指与食指间的合谷穴按摩了一会儿，然后扎上几针。病人皱了一下眉头说："有点儿胀痛，还有点儿酸麻。"华佗见产生针感了，就将针转了几下，问病人有什么感觉，病人回答说："酸麻得厉害，一股劲儿在向肘上窜动。"华佗又将针上提下插地捻转了几下，病人突然惊叫一声说："连肩胛上也酸胀起来了！"华佗迅速将针拔除，再问病人有什么感觉。

老太太叩叩牙齿，做了几个咀嚼动作，十分高兴地回答说："牙齿不痛了。华大夫，您这根针真管用啊！"

有一个腹痛病人，刚过来时还在喊爹叫妈地喊痛，华佗只给他在两脚膝下的足三里穴等处扎了几针，病人很快就安静下来。

有个小伙子在劳动中扭伤了腿，肿痛异常，不能行走。华佗一面给他扎针，又点燃艾炷在几个穴位和患部熏灼了一番，病人顿时感到疼痛减轻了许多，以后连续治疗几次，也就好了。

此外，华佗主张的针、灸、药并用的治疗理念在后世医家医籍中也有较多的应用和论述。其中具有代表性的要数《针灸大成》①，《针灸大成》在理论上阐释了针、灸、药的基本治疗原则，认为在治疗疾病时治疗手段的选择应该因地制宜、标本兼顾。

言及华佗针灸理论与实践的传承发展，不能不说到皇甫谧。

皇甫谧，字士安，安定人，后徙居新安（今河南义马）。他在我国针灸史上占有很高的学术地位。

皇甫谧在华佗去世后7年出生，他是三国时期医学大师，其著作《针灸甲乙经》是我国第一部针灸学专著（华佗的《枕中灸刺经》失传），在医学史和文学史上都享有盛名。

由于《针灸甲乙经》在针灸学史上的重要地位，皇甫谧被誉为"针灸鼻祖"。

有些人怀疑，皇甫谧看过华佗在针灸方面的书籍，或者得到过华佗针灸的传承，然后把针灸技术发扬光大，站在巨人的肩膀上，才成为针灸鼻祖。或许，皇甫谧甚至得到过华佗的徒弟樊阿的传授。

华佗的弟子樊阿，是彭城人，精通针灸疗法。所有的医生都说背部和胸部的内脏之间不可以乱扎针，即使下针也不能超过四分深，而樊阿有时敢针刺背部穴位深到一两寸，在胸部的巨阙穴扎进去五六寸，以此治病。

或许是因为见老师华佗治病重视针灸，樊阿治病，可以不用药的就不用药，可以不开刀的就不开刀，在一切治疗方法中，总是首先选用针灸。而且他若针刺，每次不过两三个穴位；若艾灸，每次

---

① 张晶、田思胜：《试论〈针灸大成〉中的针药结合思想》，《辽宁中医杂志》，2013年第3期。

也不过两三处，每处燃灸料七八壮，常常能见效。相传，华佗身上总揣着几根针，走到哪里都能给人治病，既方便，又有效，樊阿羡慕老师这一手好本领，每当华佗以针法为主进行治疗时，总可以看到他在旁边当助手。

樊阿几乎与皇甫谧生活在同时，因此二者可能有交集。同一时期、同一领域的两个医学大咖，肯定有共同语言，而且樊阿是长辈，皇甫谧很有可能向樊阿求教，与他共同摸索研究针灸方法。

有学者认为，通过这个途径，华佗的针灸疗法也被一代代传承下来了。

华佗针灸学术思想及针灸贡献，已化为点点繁星，映照在中国医学发展的长河之中，引导着后来之辈。

内科调治

华佗不仅擅长外科和针灸,而且精通内科,为中医内科学的发展做出了卓越的贡献。旧题华佗所著的《中藏经》云:"虚则补之,实则泻之,寒则温之,热则凉之,不虚不实,以经调之,此乃良医之大法也。"

一、准确预判

据史载,华佗在内科方面的诊断医术也是相当高明的。

他能够准确地掌握各种病症的规律,对某些疾病的复发及严重程度的判断有很强的预见性,这是基于他对中医系统理论的融会贯通。

传说,华佗可以通过对病人面目、形色、声音等的观察分析,来判断病人病情的吉凶,甚至还可以预见一个人的生死。

《三国志·华佗传》《华佗别传》等史书对华佗的内科病案记载很多。

旧题为华佗所著的《中藏经》认为:"阴阳平,则天地和而人气宁;阴阳逆,则天地否而人气厥。"此书明确地提出疾病主要是由阴盛阳衰、阴阳失调造成的。古人说，"人是小乾坤，得阳则生，失阳则死"，"阳来则生，阳去则死"，"阳主生，阴主杀"，"阳惟畏其盛"。从总体治疗方法上来看，此书提倡"阴常宜损""阳常宜盈"，因而在治疗上主张扶阳抑阴以护阳气，同时注重调理脾胃，提倡"宜节饮食以调其脏，常起居以安其脾"。

华佗对于内科各种杂病的治疗，是在脏腑辨证的基础上，力争探求病源，抓住根本再进行治疗。

据史书记载，有一个名字叫李成的下级武官，他有咳嗽的病状，吐血吐得很厉害，咳嗽得昼夜不得安宁，于是就找华佗给他看病。

华佗说："你得的是肠痈，咳嗽时吐出的脓血，并不是来自肺部。我现在给你两钱散剂药，你回去服用后会吐出两升多的脓血，吐完了就会感到很舒服，注意好好休息一个月，可以好转。平时要注意自我保养，一年就能康复了。但是你一定要记住，十八年后还会有一次小小的发作，等到十八年后再次复发的时候，再服用这种散剂，你把剩下的药吃下去就能好，也能很快治愈，而且永远不会再复发了。但是如果当时得不到这种药，就要死了。"

于是，华佗给了李成两钱散剂药。李成听了以后很高兴，拿着药回家去了。吃了一副药，他果然好了。他把另一副药当成宝贝一样珍藏起来了，因为十八年后还会再次复发。

过了五六年，李成的亲属中有人得了和他一样的病，病得快要死了，他知道李成存留着这个药，就对李成说："你现在身体强健，可是我就要病死了，你还藏着一副救命药呢，你怎么能忍心无病而收藏药物？可否先把药借给我吃了，等我病治好以后，你将来再去向华佗求药？"

李成思想斗争了很久，心想："这个药是我留着等十八年后保命的药，我要给了他，那我十八年后复发没有药吃，该怎么办呢？"但是他又不忍心眼睁睁地看着自己的亲戚没有药治而病死，最后没有办法，就咬了咬牙，把药给了亲戚。亲戚吃了这个药以后不久就好了，但是李成却没有药了，他立即赶到谯县去，却恰巧遇到华佗被曹操抓到监狱里去了，李成不愿意在华佗危难的时候去打扰他，仓促之际不忍心再向华佗求药。

到了十八年后，李成的病果然复发，无药可服，最终还是病死了。

这个病案很有特色，华佗诊断这个病的时候，咳嗽导致吐血，一般人肯定会认为是肺部的疾病，但是华佗认为李成的病是在肠子上，是肠子有病，这就是中医学的一个很典型的特点。

中医认为，人体的脏腑之间是互相影响的，一个脏器出现问题的时候，它会影响到另一个脏器，所以患者吐血，不是因为肺部有问题，而是肠子有问题，肺和大肠是互为表里的。只有正确地找出病源，才可以达到治愈的效果。

还有一次，华佗偶尔到盐渎（今江苏盐城）的一家酒店小饮，刚好碰上严昕等几个人一块儿在那里喝酒。

华佗瞥了一眼，觉得严昕的脸色很不对头，于是问严昕："你有什么地方痛吗？"严昕回答说："很正常，没有什么地方不舒服啊。"

华佗劝告说："您的脸色很不正常，看样子即将患重病。您可不能多喝酒，还是赶快回去吧！"

严昕听了华佗的话，大吃一惊，半信半疑。随后，严昕回家，刚刚走到半路上，突然感到头昏目眩，天旋地转，扑通一声，猛地摔倒在车下。几个同伴急忙扶他上车，送回家去，仅仅隔了一天，严昕就死了。

华佗给人看病，实事求是，凡能抢救的病，总是奋力进行抢救；凡属当时条件下无法治好的病，就老老实实地将病势的险恶情况告诉病人或病人的家属。

据《三国志·华佗传》载，县吏尹世得病后四肢烦热，口中干渴，不愿意听到人声，小便也不通畅。华佗诊断后说："可以试着做些热的食物给他吃。吃后如果出汗，就能治好；如果不出汗，三天后恐怕就要死去了。"家人立刻做好热食，县吏吃后却不出汗。

华佗说："他体内五脏功能都已经衰竭了，不久就会死去。"

结果真像华佗预言的那样，没几天，县吏就病死了。

相传，有一天，华佗来到广陵城郊为穷苦人看病，有个叫梅平的青年，住在亲戚家，也来看病，一个劲儿地向华佗倾诉自己的病痛和不幸遭遇，好像"神医"能治百病，一定可以使自己健康起来似的。

华佗除了看看他的舌象、按按他的脉以外，只是仔细地听着、看着，连酒也不喝，菜也不吃，偶尔问几句无关病情的话。

"家里还有什么人？"华佗问。

"有老母妻儿。"梅平答。

"出来几年了？"

"五六年了。"

"家乡生活怎么样？"

"唉……"梅平一声长叹。

接着，华佗好像不通事理似的说了些不近人情的话：

"梅平，今晚早些休息吧，明天早起还要赶路。因为你到家还有两百里，每天如果走五十里，还得四天。早些到家吧！多年没回去，家里人一定很牵挂的。"

第二天早晨，梅平的亲戚向华佗恳切地说："华先生贵人事多，不敢强留。梅平侄儿反正无职在身，再加上一路辛苦，我留他多住几天再走，请华医生留张处方，也好让他早治早愈。"

华佗拉着梅平亲戚的手说："病人担心的是疾病多，医生苦恼的是办法少。做医生的都希望把自己的病人治好，可是有时候办不到啊！不瞒你说，令侄如果早些时候见到我，也许还有希望，现在，恕我直说，病入膏肓，已经晚了。所以昨晚我催他早睡，要他今天早些上路，早些回家，就是估计他的日子不多了，早点到家还可以让家里人见上最后一面。"

辞别梅平亲戚以后，吴普问华佗："师傅，你怎么知道梅平的日子不长了？"

华佗道："问得好。"

华佗根据梅平的神色和脉舌等情况，给吴普细细地分析了一番，正好做了个现场教学。

史载，有个名叫徐毅的人患了胃病，请华佗上门诊治。徐毅又喘又咳地对华佗说："昨天请医生给我扎针治胃病，不知怎么搞的，事后咳得更厉害了，还坐立不安，不能睡眠。"接着他又大咳大吐起来。

华佗仔细检查了扎针的部位，心中暗自叫苦，直率地告诉病人家属说："之前那个医生没有扎准经穴，因误刺而伤了肝脏。以后食量将越来越，最后完全不能吃东西。恐怕只能活五六天了。"结果真像华佗所预言的那样。

相传华佗曾为一位督邮之子诊断疾病，这位督邮之子刚刚生过一场大病，身体正在慢慢恢复，大病初愈本该好好休养。督邮之子听闻华佗在附近游历，想让自己更放心一些，便派人请来名医华佗为自己诊治。

把完脉后，华佗告诉督邮之子，虽然他的大病已经痊愈，但是也十分虚弱，需要好好调理，慢慢地休养，不能轻视，这对他以后的身体有很大的影响。华佗特别告诉他，不能行夫妻之事，不然会血涌上头，会有性命之忧。这个督邮之子虽然记住了华佗的医嘱，可也只坚持了几日。他感觉自己的身体渐渐好转，能够下床吃饭，便以为没有什么大碍，晚上见着貌美如花的妻子之时，他难以抑制，将华佗的话全都忘却了。结果第二天，督邮之子的身体情况一下子糟糕起来，刚恢复好的身体又逢大病，三日之后，这个人就去世了。这件事传遍四方，百姓们更加清楚遵医嘱多么重要，不敢将自己的生命当成儿戏。

中医认为人的精气是生命的本源，是人体维持生理功能和日常活动的基本物质基础，精气不足，整个人看上去就会有气无力。督邮儿子本就体弱，还如此浪费自己的精力，最终走向死亡也就不足为奇了。

二、对症施治

在多年的医疗实践中，华佗非常善于区分不同的病情和各脏腑的不同病位，从而对症施治。

相传，有一年的夏天，一棵大槐树底下坐着三个病人，一个人睡着了，另两个人醒着。三个病人不是一起来的，睡着的来得最早，醒着的两个隔段时间先后来到。

这三个病人，一个得的是水肿病，一个害的是疔疮，还有一个是腹胸痛，三人因求医而碰到了一起。

"你害水肿病，找啥医生瞧？"疔疮病人问水肿病人道。

"我找杨医生瞧，但人家都说他是武医生，只管开刀，不管下药，之后还要去找曹医生给下药。"

水肿病人回答后，又问生疔疮的病人："你是找啥医生治疗？"

"我不走运啊，找了曹医生，他说他是文医生，只管下药不管开刀，他叫我先去找那个杨医生。"

睡在树荫底下的生病的老大爷，听了他俩的谈话，坐起来对二位病人说："你们俩，一个找文医生，一个找武医生，我说二位啊，跟着我一起走吧，去找华佗医生，他是文武双全啊，文能下药，武能开刀。"

"华佗治病，一针二灸三下药，急针灸，缓下药；华佗开刀不痛，有麻沸散；华佗针灸只扎三四穴，用药只用四五味，价钱便宜。"老大爷介绍道。

那两位病人听说华佗文武都能治，当然高兴，决定和老大爷一起找华佗看病，他们问老大爷："你找华佗治啥病？"老大爷说："腹胸痛，呕吐……"于是三个人一起出发，去找华佗治病。

见到华佗后，华佗一一诊脉，分别治疗。

老大爷腹胸痛、上吐下泻，是急症，先给他扎针，只扎了三穴，在尺泽穴处刺了一刀，败血流尽，呕、吐、泄就止住了，又给他吃些药，病好了；之后，华佗给生疔疮的病人吃了麻沸散，将疔疮割除，敷上药膏几天后也好了；最后，华佗给水肿病人开了三剂汤药，嘱咐回家后煎服，病人五日便痊愈了。

华佗文武都能治的美名就此传颂开了。

有一天，有两个官吏一个叫倪寻，一个叫李延，同时来就诊，都患有头痛发热的病症，其他症状也相同。

华佗为二人诊脉后，马上分别给两人服药，华佗给倪寻吃的是泻药，给李延吃的是发汗药，等到第二天一早，两人病都好了。

华佗的学生问他，用不同的办法治疗这是什么道理。

华佗回答说："倪寻是伤食，是外实证，李延是外感，是内实证。由于二人得病原因不同，所以治疗他们也应当用不同的方法。倪寻应该把病邪泻下来，李延应当发汗驱病。"

相传，华佗的耳朵特别灵，有些疾病，他用不着号脉，只需用耳朵听一听，就能做出正确的诊断，然后再开处方。他用这种方法医治病人，从来没有出差错。

有一天，华佗外出行医，路过一户农家门口，听见屋里传出了女人的痛苦呻吟声，心细的华佗立马停下脚步，伫立静听。听到这声音，他推断这家女人生病了，便走进室内。农夫见神医到来，连忙请他进屋为妻子看病。华佗却只是在药囊中抓了几味药交给农夫，说："你用它煎水，让你夫人服下去，只要出一身汗，明天就好了。"

农夫心想，不见病人就下药，怎么能治好病呢？因此，他一定要华佗进屋看看病人。

华佗笑道："不用看，从她的声音里我就可以听得出，她是睡觉时贪了凉，其实并没有什么大病。"

农夫的妻子服药后，果然汗出病愈。

几天后，又有一个农夫请华佗去给自己的孩子看病，华佗刚走到他家门口，马上站住说："不用进屋了，你的孩子没救了。"

农夫听罢,哭着跪下哀求道:"神医啊,请你进屋看看吧,我只有这么一个孩子呀!"

华佗缓缓地把他扶起来,惋惜地说:"你的苦处我很明白,可是,你的孩子患的是肺痨,已经到了晚期,从他咳嗽声中听得出来,他的肺已经烂尽了,无药可治,支撑不到明天啊。"

当晚,那病孩就死了。

华佗用耳朵治病的故事传开后,有个爱酗酒的中年人,不相信华佗,便想来试试华佗的本事。

他酒足饭饱后,跑去见华佗,问道:"听说你用耳朵就能听出得的什么病,那么请你听听看,我有什么病?"

华佗看了他一眼,说:"听你的声音,看你的面色,你还有半天好活。"

"我只能活半天?哈哈哈哈!"

这个酒鬼顿时大笑起来,引来了许多围观的百姓:"你们听啊,他说我只有半天可活了,你们信吗?哈哈哈哈!"

华佗并不计较他的讥笑,说:"刚才你吃饱后往这里跑的时候,可能是途中摔了一跤吧,你的肠子已经摔断了,不久就会腹痛身亡。"

酒鬼一听,忽然想到刚才自己在路上确实是跌了一跤,肚子也渐渐地开始痛起来了,接着,他就痛得满地打起滚来。

众人见了,觉得十分可怜,纷纷求华佗救他一命。

华佗说:"这个人故意刁难他人,故有此难。肠子断了,本来属于绝症。不过,医家以慈悲为怀,我就尽力而为吧!"说毕,华佗为酒鬼灌下了一碗麻沸散,将他麻醉后,剖开腹部一看,肠子果然断了。华佗用针线替他把断了的肠子接上,清除腹腔污物,然后缝上肚皮，再敷上药膏。数月后，酒鬼终于死里逃生。

这个中年酒鬼病愈之后，到处赞扬华佗的医术和医德。

华佗用耳治病的故事也就在民间广为流传。

三、辨证施治

华佗治病，不墨守成规，而是根据病人的不同情况，进行辨证治疗。

在《华佗别传》中，记载有华佗用水法治疗一妇人热盛烦躁之典型病案，在旧题华佗著的《中藏经》一书中又专门加以详述：

有一个妇女长期生病，已经一年多了，得的是寒湿证，发起病来十分怕冷，浑身发抖，很是痛苦，盖三床棉被都捂不出汗来，请了许多医生看，吃了许多发汗解表的药，也不见好转。医生们都放弃了，一家人愁眉苦脸，已经开始为她准备后事了。

就在这时，华佗来了。

华佗一诊断，确诊此人的表现是寒湿证。

这个病，必须让病人马上发汗，但是所有的发汗药都发不出汗来。病人家属苦苦哀求华佗为这个妇女治病，华佗点点头，说他来想办法。

此时正是冬季（农历）十一月中，漫天风雪。

华佗皱着眉走到院子里，突然，他抬起头，看到门口有一口水井，水井旁有个石槽。华佗顿时心里一亮："好了，有办法了。"他一拍大腿，急忙赶回病人身边，让病人坐在那个石槽里面，大清早找人打冷水来，一次次地灌注到石槽里去，说要灌一百次。

灌到七八次的时候，病人就已经浑身颤抖，冷得要死。灌水的人害怕起来，想停下来不灌了。华佗叫他一定要灌到预定的次数。快灌到八十次时，病人浑身热气向上蒸腾，升起有二三尺高。灌满一百次后，华佗生起火来，把床弄暖和了，把病人全身用干布擦净，让病人躺在厚厚的被子里，过了好一会儿，病人湿润润地出了一身的汗，再扑上药粉，汗干以后病就痊愈了。

除了水法，火法也是我国古代的一种重要的治疗方法。华佗继承并将之广泛地应用于临床治疗之中。

例如，《千金要方》卷九记载，华佗的伤寒论著中，记载有以摩膏火灸法治疗外感病的方法。

旧题华佗所著《中藏经》一书对火法的适应证及其具体治法，也有非常详尽的论述。

《中藏经》记载，病起于五脏，或外寒而内热，或外热而内寒，或心腹膨胀，或手足痉挛，或口眼不正，或行步僵难，或身体强硬，或吐泻不息，或疼痛不宁等，均可以使用火疗法，适当地使病人出汗或身体温热，达到治疗的效果。

中医认为人的身体是一个整体，不能头痛医头，脚痛医脚。人的五脏六腑是个中心，有十二条经络把整个脏腑连成了一个上下相连、内外相通、整体协调的整体。一个脏腑的疾病可以通过经络和五行的关系影响到另一个脏腑，要根据五行相克的理论来调治。

调节阴阳的平衡，也可以通过促进血液循环来完成。

史书上说有一人得了眩晕病，头抬不起来，眼睛也看不见，这样已经好多年了。华佗让病人只穿短裤，其余的衣服都脱光，把他倒吊起来，使他的头部离地大约一两寸，用湿布擦拭他的全身，让周围的人观察他的静脉血管，人们发现血管里都是五颜六色的血。

华佗叫几个弟子用双刃小刀把静脉血管割开，让五色血液流完，看到红色血液流出的时候，便把他放下来，用药膏敷在创口上，让他躺在厚厚的被子里周身出汗，再给他服用亭历犬血散，那人不久就痊愈了。

在调节阴阳平衡的治疗过程中，华佗除使用药剂治疗外，还辅以水疗、火疗及心理疗法等几种辅助治疗手段。

相传，有一户人家的小孩子发烧，烧了几天，突然不哭也不笑，不吃也不喝，躺在床上不睁眼，面如死灰。家人接连请了几位医生，他们看过孩子后，都说不出孩子生的是什么病，摇摇头，叹叹气，只好无奈地走了。孩子的父母没有任何办法，只有伤心地哭着，等着孩子断气。

真是上天有眼。这时，神医出现了！正好华佗路过这个农户门前，听到屋里有人哭泣，便走了进去……

华佗看了看孩子的脸色和手指纹，切脉诊断后，觉得此病能治，便对孩子的父母说道："孩子的病还有的治，不过有个条件。"

"医生，你说吧，只要能治好孩子的病，啥条件我都答应您。"

"那好吧，孩子交给我，咋处置得听我的安排。"

"好。"孩子的父母觉得死马当作活马医，答应了。

于是，华佗在屋后背阳的地方挖了个坑。

一见挖坑，孩子的父母顿时急了，忙说："医生啊，孩子还没有断气啊，你咋能这么狠心啊！"

华佗擦擦汗说："孩子还躺在你家床上啊，我这是治病的法子，你们快去找两筐柳、槐树叶来，我一会儿要用。"

孩子的父亲赶紧去采树叶。

华佗把坑挖到五尺深，在坑底放了两尺高的柳、槐树叶，然后把病孩子放在树叶上，又在孩子身上放了一尺高的柳、槐树叶，华佗就在坑边守着。

过了两天两夜，小孩哇的一声哭了，华佗把他抱起来，只见满身尽是斑点，就像朱砂一样红，华佗把小孩抱给他的父亲，说："这个孩子的病好了。"

孩子的父母看到孩子能哭能笑了，说不出的喜悦，一个劲儿地感谢华佗，又问："华医生，这孩子得的是什么病啊？"

"这个……"华佗说，"孩子在娘胎里的时候，娘发高烧，孩子受了胎热，热毒攻入孩子的肺腑。柳、槐树叶都是凉性的东西，可以拔出内脏的热毒，毒拔出了皮肤，病就好了。"

又相传，在东阳城，也就是今天安徽省的天长市，有个叫陈叔山的人。

一天，陈叔山两岁的小儿子得了严重的泻痢病，吃完奶就拉肚子，日夜哭闹不停，怎么治都治不好，其他医生都不敢再给治了。孩子一天比一天瘦弱，最后只好找华佗。

华佗看了看情况以后，先摸脉，接着摸摸孩子的全身，又看了看孩子的咽喉，对陈叔山说："这个小孩不要吃药了，把小孩的药都停了，这个病根是在他母亲身上。小儿母亲怀胎的时候，阳气向内保护胎儿，结果导致乳汁带虚寒之气。小儿受了母乳中的寒气，因此泻痢不能按时痊愈。"华佗配了一副药，叫孩子的娘吃。

孩子的母亲吃了十剂药后，小孩就不再拉肚子了，不到十天工夫，病全好了。

中医治病的最终目的是让人体内部达到阴阳平衡，这可以通过吃药，也可以使用其他的辅助方法，比如此处通过调理孩子母亲的身体来实现。

伤寒学说

华佗的伤寒论著作,从表到里,由浅入深,将外感伤寒病分为六个不同的阶段,从而确立了辨证论治的特殊体系。

一、伤寒学派

伤寒在我国古代曾一度严重流行,给广大人民带来极大的危害。

汉代医学家张仲景在《伤寒杂病论》中记载,由于疫病流行,他的家族原有两百多人,自汉献帝建安元年(196)以来,不到十年的时间,就有三分之二死亡,其中百分之七十死于伤寒。严酷的现实,使人们迫切需要进一步提高伤寒病的防治水平。

张仲景目睹广大百姓因病大量死亡的惨状,立志发愤钻研医学,以拯横夭。也正是因此,善于学习与总结的张仲景最终成为伤寒学派的一代宗师。

所谓伤寒,通常分为广义伤寒和狭义伤寒。广义伤寒包括中风、伤寒、湿温、热病、温病;狭义伤寒指广义伤寒中的伤寒,即寒邪引起的外感热病。中医学的伤寒并非现代医学(西医)上的

"肠伤寒"（伤寒杆菌①引起的伤寒病）。中医所说的伤寒，实际上是一切外感病的总称，包括瘟疫这种传染病。一般而言，知识阶层对外感热病习惯称之为伤寒，而民间则称为瘟疫、时疫等。

伤寒主要按六经辨证，六经即太阳、阳明、少阳、太阴、少阴、厥阴。三阳经中，太阳主表，阳明主里，少阳主半表半里；三阴经中，太阴主表，厥阴主里，少阴主半表半里。三阳经的传变多由太阳开始，或传入少阳，或传入阳明；在正虚邪盛，机体的抵抗力不足时，也可以传入三阴。三阴病多由太阴开始，然后传入少阴、厥阴。

在临床上，太阳病表现为脉浮，头项僵痛，恶寒。太阳病又分中风和伤寒。中风的表现为发热，出汗，恶风，脉浮缓；伤寒的表现为恶寒，体痛，呕逆，阴阳俱紧。阳明病表现为身热，汗出，不恶寒，恶热，脉大。有些患者有便秘，口渴，舌红赤，苔厚症状。少阳病表现为口苦，咽干，目眩，多伴胁肋胀满，干呕，往来寒热，脉弦。太阴病表现为腹满而吐，吃不下，腹痛，脉象多为舌淡，脉弱。少阴病表现为脉微细，欲睡。厥阴病表现为消渴，气上撞心，心中疼热，饥而不欲食，食则吐蛔虫，下痢不止。

伤寒从很早就引起了医家的重视。

先秦时，扁鹊视齐桓侯之病，论邪由外入内，便是中医对伤寒传变的原始看法。秦汉以来，研究论述伤寒的医书与医家更多。医书如《素问·热论》专篇论述"热病"，《难经》中有关于伤寒分类的论述；医家如淳于意等，亦有治疗外感热病的具体案例和论述；

---

① 伤寒杆菌，在自然界中的生存能力较强，在水中可存活2—3周，在冰冻环境中可存活数月，在牛奶中还可以繁殖。但其对光、热、干燥及消毒剂的抵抗能力较弱，遭日光直射数小时即死。

另外，考古材料中也有记载，如居延汉代医简、甘肃武威汉代医简（《治百病方》），为东汉早期文物，其中就记载有伤寒的病名和症状，治疗上则认为外感风寒当以温法治之。由此可见，秦汉以来研究伤寒者并非只有张仲景一家，而是有不少的医家从事这方面的研究，他们在理、法、方、药上各具特点，不尽相同，但总体上体现了经验逐渐积累、理论与实践逐渐结合的进程，这就给张仲景的总结性研究打下了良好的基础。①

伤寒学派创立于东汉之际，系七大中医流派之一。

张仲景将理论与方药熔于一炉，著有《伤寒杂病论》，专门探讨伤寒杂病的诊疗规律，其书被奉为经典，其人被尊为医圣。

《伤寒杂病论》是我国最早的理论联系实际的临床诊疗专书。它系统地分析了伤寒的原因、症状、发展阶段和处理方法，创造性地确立了对伤寒病"六经分类"的辨证施治原则，奠定了理、法、方、药的理论基础。书中还精选了三百多种药方，如麻黄汤、桂枝汤、柴胡汤、白虎汤、青龙汤、麻杏石甘汤。这些著名方剂，经过千百年临床实践的检验，被证实有较高的疗效，并为中医方剂学提供了发展的依据。后来不少药方都是从它发展变化而来。

华佗医术精湛，一方面是因为他善于学习、总结和创新，另一方面是因为他医学功底扎实。他的功底来源于他对诸家中医流派的深入研究和融会贯通，尤其是对伤寒学派的领悟。

有学者认为，华佗应该读过《伤寒杂病论》，也有学者认为，华佗和张仲景两人对伤寒病的认知有所不同。

---

① 李经纬:《中医史》，海南出版社，2015，第84页

二、华佗伤寒理论

华佗对伤寒学说的发展做出的贡献是突出的、创新性的。其伤寒学说，在当时也有相当影响力，深受王叔和、巢元方、孙思邈、王焘等医家的重视。

华佗有一篇关于伤寒的论著，被引载于《千金要方》和《外台秘要》的伤寒门，虽然文字不多，只有六百五十余字，但言简意赅，较系统地论述了外感热病发展变化的全过程及其治疗方法。

华佗认为：外感的邪侵犯肌肤表里，其传变方式及传变途径，并不是以经络为本，按经络循行部位传变，而是根据人体大体的解剖层次，由肌表到内脏，逐渐向里发展："一日在皮""二日在肤""三日在肌""四日在胸""五日在腹""六日入胃"。

病一日至三日，邪气在皮、在肤、在肌时，均属于表证的范畴，患者表现出恶寒发热，头痛，周身酸楚或疼痛等症状。但由于邪气侵入的部位有深浅之不同，上述症状亦有轻重的区别；三日以上，气浮在上，填塞胸膈，欲作下陷，但由于正气未衰，仍有抗邪外出之力，结果邪正交争于胸膈之间，称为胸膈证，在临床上表现为胸闷、胸满，甚至呼吸困难，不能吃东西，想吐吐不出来，还会出现发烧等症状。

此时由于邪气有轻重之不同，人体有强弱之分，故临床上邪郁胸膈证有不同的表现形式；五日以上，病邪化热入里，在腹入胃，此时由于邪热炽盛，邪正交争剧烈，形成胃热实证。其临床表现为发热不恶寒，或高热不退，或有潮热、汗出、腹胀满，甚至疼痛拒按、大便秘结等症状。

同时，华佗认为由于热毒有微与剧之分，因此热毒入胃除胃实热证外，尚有胃虚热入的"胃烂斑出证"。而"胃烂斑出证"根据斑疹颜色的不同，又可分为"赤斑"与"黑斑"两大类型。

《千金要方》中华佗对伤寒的治法可以概括为汗、吐、下三法，主要运用这三种方法来进行治疗。

汗法是用摩膏和火灸两种外治法。若病邪在肤、在肌，病情相对严重者，可选用针刺及内服解肌散发汗。同时华佗认为，由于病邪有风寒、风热之不同，因此在运用内服药发汗时，亦应该根据风寒、风热所引起的病理变化及临床表观的不同，选择不同的治疗方法。

吐法适用于邪郁胸膈的患者。邪郁胸膈的患者，容易神志不清，狂言烦躁，应使病人服用猪苓散，之后令病人大量饮水，使病人尽量多地呕吐，并且要呕吐得及时，喝了很多水却未能呕吐的患者就很难治愈了。

下法主要是适用于病邪化热入里、在腹入胃的患者。下法较为刚硬猛烈，容易损伤人的正气，因此华佗认为在使用下法时，一定要掌握好分寸。

华佗不仅重视外感热病的治疗，而且对伤寒病后的护理同样十分重视。

《千金要方》里提及，华佗指出，当病已经好了的时候，病人在七天以内，酒、肉、五辛、油、面、生、冷、醋、滑、房事等都不要接触，这样才能完全治好，不留病根。这说明华佗伤寒学说的内容是较为广泛全面的。

总之，华佗关于伤寒病的论述中，对邪在皮、肤、肌三类不同的表证，其治疗方法是多种多样的，有摩膏火灸发汗法、针刺发汗法、单方验方发汗法、辛温解表发汗法、辛凉解表发汗法等，同时对各种发汗法的使用原则及其禁忌证均有论述，这些经验至今仍为临床医家所重视。

其中的摩膏火灸一法，为古代常用治法。

张仲景说，外邪"适中经络，未流传脏腑……即导引、吐纳、针灸、膏摩，勿令九窍闭塞"。其中的"膏摩"当是华佗所说的摩膏火灸法。医家王叔和对此法说得很清楚，其《脉经》卷二载："寸口脉浮，中风，发热，头痛，宜服桂枝汤、葛根汤，针风池、风府，向火灸身，摩治风膏。"

《千金要方》中有两张摩膏方、一张青膏方，药物组成、制剂、用法都很详尽。三张膏方均含有乌头、附子。

《三国志·华佗传》有"缝腹膏摩，四五日差"之说，故可知摩膏外治法是华佗之专长，摩膏法不仅被他用于外科手术后，亦用于伤寒外治。

东汉末年，华佗与张仲景在互不相识的情况下，都对伤寒病的诊治规律做出了深刻的探讨，这固然是由于他们医术精湛，同时也说明了当时伤寒病的危害是相当深广的。

华佗关于伤寒的"六部传变"[①]学说，不同于《素问·热论》和《伤寒论》，不是以六经辨证平列证候，而是有自己的特点，是一套描述外感热病由表及里、由浅入深、自上而下的规律的论述。华佗

---

① "六部传变"学说，是指一日在皮，用摩膏火灸；二日在肤，可依法针，服解肌散发汗；三日在肌，复一发汗即愈；四日在胸，宜服藜芦丸，用吐法；五日在腹，六日入胃，入胃之后可以用下法治疗。

伤寒论直接用人体的解剖部位作为病位及辨证纲领，这与华佗精于外科手术，熟悉人体解剖部位有关，这是其伤寒学说的一大特点。

华佗伤寒学说由于具有独特的理论色彩、辨证纲领及特殊的治疗方法，故从东汉末年直至隋唐时代，一直被用作临床医家治疗外感热病的基本指导原则。

三、华佗和张仲景伤寒学体系比较

张仲景和华佗，两人都是东汉末年的著名医学家，他俩与董奉一起被并称为"建安三神医"。虽然有学者怀疑华佗读过《伤寒杂病论》，但是现存的史料上并未记载这两个人有过交集，更谈不上有过医学交流。

有学者认为，华佗出生比张仲景早，因此华佗伤寒论的思想和药方可能对张仲景产生过一定影响。但华佗生于哪一年，死于哪一年，众说纷纭，至今没有定论。因此，这种认为华佗伤寒论的思想和方法影响了张仲景的说法不算可靠。

作为救治天下苍生的医学家，两人同时生活在战乱的年代，必定要面对疫病横行和伤寒病造成人口锐减的情况，所以华佗和张仲景都有关于伤寒诊治的理论著作。

中医研究学者叶发正在《伤寒学术史》[①]中，回顾了伤寒学体系的形成，在写到东汉末到西晋时期时，他以"伤寒学的两个体系"为题来研讨华佗和张仲景的伤寒学说，并指出两者的学术地位

---

① 叶发正：《伤寒学术史》，华中师范大学出版社，1995。

和影响的变化情况。

叶发正认为：以伤寒学而言，华佗与张仲景的影响，在魏晋六朝时，是华佗居先，至隋及初唐时，两者大致"旗鼓相当""并驾齐驱"，及至唐代中期以后，华佗之地位日益下降，张仲景之地位却日益提高，最终张仲景之伤寒学牢固地建立了"唯一正统"的地位。

关于华佗之伤寒学体系渐被张仲景所超越的主要原因，叶发正认为是"仲景之伤寒学体系要优于华佗之伤寒学体系"，并从三方面进行比较说明。

从伤寒传变规律来看，华佗的观点是一日在皮，二日在肤，三日在肌，四日在胸，五日在腹，六日入胃。拘于日数，未免失之机械化。张仲景的认识是按六经分证，不拘于日数和六经的循序传变，更合乎客观实际。

从伤寒病的诊断来看，华佗叙证过于简略，张仲景在辨别症状时特别精细。华佗只分伤寒、时行、虚烦三证；张仲景则分伤寒、温病、中风三大纲，并论述了风温、风湿、中暍等证。

从伤寒的治法来看，华佗只有汗、吐、下法，张仲景则灵活地运用汗、吐、下、和、温、清、消、补八法，对水火法进行了批判。在发汗方的选用上，二者也存在着很大的区别。华佗汗法的代表方是毒方，张仲景则用麻黄汤、桂枝汤发汗，全无毒药，在疗效上，张仲景方自高于华佗方。①

南宋医家郭雍在《伤寒补亡论·张仲景华元化五问》中，早于叶发正就指出："元化之法，指日数为候，张仲景虽指日，而要在察阴

---

① 叶发正：《伤寒学术史》，华中师范大学出版社，1995，第18—19页。

阳六经之证，此其所以若少异也。"他又说："故《外台》言元化藜芦丸近用损人，不录，则知后人不能学也。"①

从科学史的角度看，华佗与张仲景的伤寒学构成了前后相承的不同"范式"。

华佗的伤寒学说率先构建起一套完整的理论体系，在同时代的医家团体内得到公认，并为伤寒病的诊疗实践提供了可仿效的成功范例，因而具备了成为一种典型范式的必要因素；而张仲景的伤寒学体系则构成了一种与之竞争的新范式，通过逐渐取代前者的主流学术地位，推动了中医外感病学的成熟和发展。

至宋代以后，随着"儒医"风气的兴起，张仲景因在长沙做过官，影响力大，在医界的地位迅速抬升，乃至有了"医圣"的名号；相比之下，华佗在民间的声望虽不减当初，仍被民众奉为"神医"，然而在医家内部的影响反倒节节下降。其原因，乃是唐宋以后医学传承方式有了变革。

唐宋以后，医学的专门传授日渐式微，而儒士习医和业医变得相当普遍；医生对医学的学习主要是通过研读医书、探讨医理等以"自修"为主的方式。张仲景的《伤寒杂病论》由于内容完整、条理清晰、辨析精当，成为后学研习的极佳范本；相反，华佗因无完整著作传世，后人对其学术的了解仅限于史传、方书中一鳞半爪的记载，其医学难以效法和传承。

总之，对于伤寒诊疗，东汉末年的华佗学派和张仲景学派各有千秋。虽然将《伤寒论》看作"众方之祖"或"有法有方之始"是中医史的一个传统观点，但其实，"华佗辨伤寒"才是中医史上第

---

① 郭雍：《伤寒补亡论》，聂惠民点校，人民卫生出版社，1994，第13页。

一个证理法方统一的临床诊疗系统。①在症状辨析、病理、病程、治则、方剂等方面，张仲景对华佗学派都是既有继承又有创新的。

因此，尽管张仲景的伤寒诊治水平超越了华佗学派的水平，但绝不能因此而否认华佗学派首创中医伤寒证理法方统一的临床诊疗系统之历史功绩。

---

① 李伯聪：《论东汉末年伤寒诊疗的两个学派》，《安徽中医药大学学报》，2017 年第 1 期

妇科理论

在妇科方面，华佗将对生命的整体认识融入妇科治疗中。华佗妇科学思想特点大体上可以概括为四个方面：内外并重、生命调养、因病施治和生产预测。

一、妇科治疗思想及方法

从历史文献中可以看出，华佗在当时是一位全科医生，并不是专治哪一科的。在妇科方面，根据目前的辑佚材料，华佗将对生命的整体认识融入妇科治疗，如天人合一的思想，"阴常宜损，阳常宜盈"，以及阴阳五行的循环不息，"上下荣养，无有休息"的整体理念。华佗在妇科、儿科方面的治疗理论大体是注重整体性和相互性的。

华佗在妇科治疗上坚持以"治病求本"为原则，注重联系中国传统文化的思维模式，这里的"求本"并不是西医的病原学，而是指以天地万物阴阳规律为根本，尤其是人体阴阳，也就是以阴阳为纲。在治疗妇科疾病时，华佗主要以五脏为纲，诊断中以脉诊为先导，再通过观形察色，询问病情，辨阴阳虚实寒热而论治，并预测病情的发展走向。

有学者认为，华佗妇科学思想大体上可以概括为四个方面：内外并重、生命调养、因病施治和生产预测。

内外并重主要表现在其治疗方法丰富而不拘泥于汤药、针石，还有引导按摩，更有引产术这种在当时相当大胆先进的外科手术。

生命调养主要是指华佗遵循古代自然哲学里"慎始"的观点，即对生命的调养应该从生命产生之初就开始进行，然后循序渐进地按生长发育规律、按季节规律等调理养护生命，达到一个健康长久的常态。

因病施治是针对华佗在妇产科用药的特色和治疗方法而言的。在选药组方上，华佗认为，不能完全拘泥于对药性的认识，更要了解汤药本身作用于人体能产生什么样实质性的效果。特别是对于孕妇这种一个个体孕育着另一个个体的特殊状态。

生产预测主要是体现在对胎儿在母体内的体位和性别的判断上。

华佗在妇科疾病治疗上强调，在对全身症状做了解的同时，着重阐述经、带、胎、产方面的诊察方法。在临床上必须四诊合参，不可偏废。

在望诊上，根据妇科的特点，除观察患者的神志、形态、面色、唇色、舌质、舌苔外，应注意观察月经、带下和恶露的量、色、质的变化。

在闻诊上，有耳听声音、鼻嗅气味两个环节。耳听声音听患者的语音、呼吸、嗳气、叹息、痰喘、咳嗽等声音，可帮助判断病在何脏何腑，属虚还是属实。鼻嗅气味，在妇科主要是了解月经、带下、恶露等的气味。

问诊是诊察疾病的重要方法之一，通过问诊可以了解患者的起居、饮食、特殊的生活习惯等，同时了解疾病的发生、发展、治疗经过、现在症状及其他与疾病有关情况，为诊断提供重要依据。在妇科疾病的诊察中，要熟练掌握与妇女经、带、胎、产有关的问诊内容。不同年龄的妇女，由于生理上的差异，同一种疾病表现在病理上各有特点，因此在治疗中有不同侧重。

切诊包括切脉与按察胸腹、四肢两个部分。切诊妇科疾病，其寒、热、虚、实的辨证，与其他科相同。《华佗产科秘传》中就有关于治"逆生""横生"的医方，在当时没有现代的超声设备去观摩腹中胎儿的状况下，能意识到胎位影响生产的顺逆是很难的。华佗在妇科学方面的准确预测，可见其对孕产妇的整个生育过程有着完整的观察和详细了解。

二、养胎学说

华佗的妇科诊治注重肾脏功能和经络在人体生殖功能发育中的作用。旧题华佗所著的《中藏经》，虽非绝对可靠的文献，但可从中管窥人们印象中华佗的治疗思想。其中说："肾者，精神之舍，性命之根，外通于耳，男以闭精，女以包血，与膀胱为表里，足少阴太阳是其经也。肾气绝，则不尽其天命而死也。"[①]从这里可看出，人们认为，华佗在妇科医学上更加注重临床治疗认识、经验、技术的总结，因此也就形成了一套有特色的妇产理论学说。

---

① 高文柱：《华佗遗书》，华夏出版社，2011。

养胎学说，是从五行相生的观念、脏腑经络的联系来论述女性妊娠期间状态的养胎之术，是指导优生优育，防止流产、早产的理论。中国古代养胎学说中最重要的学说是"逐月养胎"。这种学说注重母体与胎儿两者的调养与预防。

相传，华佗注重研究养胎理论与实践，十分赞同"逐月养胎"的学说。这与他从医的初心与人文情怀有关。封建社会男尊女卑，但生活在东汉时期的华佗，作为医生有更高的道德标准。他尊重每一位女性，同情每一位患病女性的遭遇与不幸。他从生理和心理上全方位对女性进行认真的治疗和保健。

"逐月养胎"，就是根据胚胎每月的发育情况，结合中医理论，提出相应的养胎措施。

怀胎一月名叫始形。北齐医生徐之才所著《逐月养胎法》认为，怀胎一月时，孕妇的肝血要滋养胎儿，如果过于劳累，容易损伤身体的肌腱，环境嘈杂或惊吓会扰乱孕妇的肝气，对孕妇和胎儿都不好。所以这段时期孕妇是不宜做重体力活的，而且睡觉时要有安静的环境。此外，孕妇日常饮食要精减可口，可以多吃酸的，不要吃辛腥之物。

怀胎二月名叫始膏，由足少阳胆经滋养胎儿。孕妇不要吃辛辣腥臊的食物，居住的环境要安静。

怀胎三月名叫始胎，由手少阴心经滋养胎儿。这段时期很重要，是胎教的好时节。"欲令子美好端正者，数视白璧美玉，看孔雀，食鲤鱼。欲令儿多智有力，则啖牛心，食大麦。欲令子贤良盛德，则端心正坐，清虚和一。"

怀胎四月，由手少阳三焦经滋养胎儿。除保持心情平和之外，饮食适度也很重要，此时期胎儿"始受水精，以盛血脉"，可以食用稻米、鱼类，日常起居则需注意不要着凉，防止感冒，服药更要谨慎。

怀胎五月，由足太阴脾经滋养胎儿。此期胎儿"四肢皆成"，"始受火精，以成其气"，养气由此成为孕妇养胎的重点。

怀胎六月，由足阳明胃经滋养胎儿。六月大的胎儿口目已经长成，孕妇可以多吃些美味的食物，但是不能太饱。

怀胎七月，由手太阴肺经滋养胎儿，此时期胎儿"始受木精，以成其骨"，孕妇可以做些轻松、舒缓的肢体活动，以利于气血运行。

怀胎八月，由手阳明大肠经滋养胎儿。此时期孕妇在饮食上要注意不要吃干燥的食物，在心情上不要过于愤怒。

怀胎九月，由足少阴肾经滋养胎儿。此期胎儿"六腑百节莫不毕备"，孕妇不要处于湿冷的环境。

怀胎十月，由足太阳膀胱经滋养胎儿。此时期胎儿"五脏俱备，六腑齐通，纳天地气于丹田，故使关节人神皆备，俟时而生"。

不论是在哪种医学文化中，优生理论都是人类为了在地球上生存下去而必须探讨的。逐月养胎法虽非华佗所提出，但华佗在具体医疗保健中一直推行这种理念，对妇产科也有很大的贡献。现代临床医学在此基础上进行实验和研究，解决了诸多妇产科的疑难杂症。①

---

① 齐律丽：《随月养胎法治疗习惯性流产》，《中医药临床杂志》，2000年第6期。

三、切脉知胎儿

关于华佗在妇科治疗方面的故事，民间传说很多，既神秘又神奇。其中流传得最广的，是说华佗的一双手就像现代的彩超一样灵，他可以通过切脉和观察等，了解到孕妇肚里胎儿的发育情况。

相传，华佗曾遇到一位武官，这个人性格不好，非常凶暴。他没有儿子，只有一个女儿，把这个姑娘视如珍宝，非常溺爱，也为女儿的婚姻操心不少。可是，女儿有自己的想法，不知说合了多少小伙，总是高不成，低不就，一直拖到三十多岁。这成为武官的一个心病。

姑娘大了，心事就多，久而久之，她与家里男仆私通上了，而且怀了孕。可武官对这一切全然不知。

见心爱的女儿吃饭吐饭，吃茶吐茶，身为父亲的武官十分着急。他认为女儿是患了什么大病，便请来许多医生诊治，却不见效果，最后只得把华佗请来了。

华佗走到姑娘身旁，把了把脉，便对武官说："恭喜！恭喜！"

"喜从何来？"武官问。

"少夫人怀孕三个多月了，而且是男胎。"

"胡说！"武官大怒，"这是我的亲女儿，还未出嫁呀！"

"我不知道。"华佗摇摇头说，"反正有孕就是了！"

武官不相信，喝令手下人把华佗绑起来，说华佗造谣，坏了他女儿的名声，又对华佗说："你是不是切错了脉？如果切错了脉，我就放了你！"

"我不会切错了脉。"华佗从容地说，"肯定是个男孩。"

旁边有医生替华佗担心，悄悄地对华佗说："你知道这个人杀人不眨眼，你就改口吧！你就说切错了脉，姑娘是病不是喜。"

"我为什么要说假话？"华佗反问了一句，再次肯定地说，"病就是病，喜就是喜。"

那武官气坏了，要把华佗推出去斩首。华佗大叫无罪，并说三四个月后便见分晓。其他医生都替华佗说情，武官没有办法，便把华佗关起来。

过了几个月，姑娘果然生下个男孩，武官没办法，只好把华佗放了出来。华佗走到堂前，对武官说："怎么样！是请我吃喜蛋呢？还是要我头呢？"武官一言不发，过了好一会儿，叫家人取钱让华佗离开。华佗说："瞧病不要钱，吃药要钱，没有吃我的药，分文不取。"说罢，他从容地迈开大步，走出武官家的大门。

华佗出来后，有人埋怨他："当初说切错了脉，省了多少麻烦，少吃多少苦头，您真是……"

华佗说："我没有错，为什么要说假话？那不是骗人吗？做医生，对病情要实事求是，头可断，理不可屈！"

众人听了，无不佩服华佗的耿直。而华佗"切脉知胎儿"的故事也就从此传开了。

还有一个华佗开棺救人的故事，流传得很是久远。

华佗行医图（亳州中医药文化博物馆）

相传，有一天，雨过天晴，天朗气清，华佗背着青囊正匆匆赶路，忽见迎面抬来一口棺材，后面跟着几个人，嗷嗷大哭。

当棺材从华佗面前抬过去的时候，从棺材里滴出了一滴血，华佗低头细看，那血是鲜红鲜红的。他赶快招呼道："快停下来，棺材里的人没有死。"抬棺材的人惊讶地停下来。

华佗上前问："棺材里是什么人，怎么死的？"

"是个女人，生孩子没有生下来，就死了。"

"死了多久？"华佗急问。

"刚断气，因为人穷，又加上天气炎热，只好装进棺材，趁天未黑，抬上山埋了。"

"赶快开棺救人。"华佗说，"此人没有死透，有救，如果再迟些，就真的救不了啦。"

死者亲人听华佗这么一说，赶紧跪下感谢。

棺材打开后，里面躺着的少妇面色红润，华佗撬开她的嘴巴看舌苔，根据经验，脸红舌青，子死母活；舌红脸青，母死子活；脸红舌红，母子皆活。华佗见少妇脸舌皆红，赶忙抓住她的手，在合谷、人中、三里、印堂、胸腕等穴道连扎三次针。只听哇啦一声，孩子生下来了，母亲也活过来。

华佗救活了这对母子，百姓称赞道，"华佗行医神来助，棺材里面医死人""百姓生病四百四，华佗有方八百八""华佗一根针，天下定三分""华佗进茅屋，有病不死人"。华佗被看作可以起死回生的神医，为人们敬仰。

四、孩子起名叫"拾钱"

华佗的妇科治疗方法丰富，不拘泥于汤药针石，这也是华佗的"神医"之名在民间流传久远的原因之一。

传说有一年仲秋，华佗行医来到一个小村庄，走渴了，便到一家农户讨水喝。

刚把茶碗端到手里，他就听见隔壁有妇女的呻吟声。

华佗忙走上前，问道："你们庄上有病人吗？"

"哎呀别提了，隔壁胡老大，一家三口，老太太七十多岁，胡老大四十多岁，媳妇也快四十了，过门二十年没有生孩子，老太太眼巴巴盼着抱孙子呢。今年媳妇怀孕了，一家人欢喜得不得了，不知怎么搞的，昨天媳妇往橱上拿东西时，扭了下，肚子马上就痛了起来，越痛越厉害，今天早上小便还带血，一家人急得像热锅上的蚂蚁，也没有办法。"

华佗听后，放下茶碗，急忙走到隔壁胡老大家。

只见母子俩愁眉苦脸，围着正在呻吟的媳妇打转。"我叫华佗，听说你家有病人，过来瞧瞧。"华佗径直走到患者身边说。

老太太听说是华佗，简直是喜从天降，扑通一声往地上一跪说："救星来了！"华佗忙扶起老人，去给那媳妇切脉，又摸了摸病人的肚皮，发现是胎位下移，只要把胎位扶正，母子就能脱离危险，但用什么办法呢？

华佗正皱着眉想办法，老太太见这个样子，以为在等医钱，连忙掏出八十多个铜钱给华佗，说："华医生，这是给您的药金。"

"药金？"华佗一见钱，马上有了办法。

他把老太太手里的钱抓过来，撒了一地，假装愤怒地说："我看病有个规矩，在没有看好之前，谁把钱给我，这病我就不看了。"说着，他假装要走。老太太和儿子慌了，扯着华佗的衣服哀求说："原谅我们吧，我们实在不知道您有这个规矩啊。""不懂可以原谅。"华佗变脸说，"但要叫病人亲自把铜钱拾起来给我才行，不然，我就不看病了。"

老太太看媳妇痛成那个样子，实在不忍，但又看华佗生气要走，只有劝媳妇："你就忍一忍，挨个儿把钱拾起来吧。之后请老先生开点药吃吃，病就好了。"

媳妇也没有办法，只好忍痛下床，弯着腰，从地上把八十多个铜钱一枚枚拾起来，最开始痛得满头大汗，拾到后来渐渐不怎么感到痛了，待把钱拾完，居然一点也不痛了。

这时，华佗哈哈大笑说："你媳妇的肚痛已经好了，不用吃药，只要不吃药，我是不收钱的！"说罢，他把钱交还给了老太太。

老太太还当华佗开玩笑呢，仍哀求华佗给媳妇开药。华佗对她说："你媳妇并不是得病了，而是因为够高时过度使劲，胎位下移，再迟两天，胎儿要是死在娘肚里，大人就危险了。我要她拾钱是假，实际是帮她安胎。现在胎安好了，睡两天就没事了。千万注意，今后不要硬够高。"

老太太听了将信将疑，问媳妇怎么样，媳妇笑着说："现在好了，肚子不痛了。"母子俩这才放下心来。

六个月后，老太太的媳妇生下了一个小男孩。为了铭记华佗的救命之恩，一家人商量来商量去，给孩子起名叫"拾钱"。

华佗让孕妇靠拾钱正胎位，这是民间传说，当然不足为据，不过也能体现人们对华佗医术的想象和崇拜。

心理疗法

情志疗法是中国古代心理治疗，尤其是中医心理治疗中最具特色的疗法。华佗继承了中医重视心理疗法这一优良传统，并很好地创新运用于具体的实践中。

一、情志疗法

中医素来重视心理治疗。据统计，我国现存最早的医学典籍《黄帝内经》中涉及心理学、医学心理学思想的达到159篇，提出了"形神合一"的整体观，认为形与神是相互依附、不可分离的，强调个体必须与自然保持和谐统一，做到形神共养、形神共调。

华佗继承了中医重视心理疗法这一优良传统，并很好地将之应用于日常治疗和实践，他主张"善医者，先医其心而后医其身"，认为一个医生不仅要有丰富的医技，还要掌握丰富的心理学知识，这样方能成为高明的医生。相传，在心理治疗方面，华佗有不少精辟的论述及治验病案。旧题华佗所著的《华佗神医秘传》中说："忧则宽之，怒则悦之，悲则和之，能通斯方，谓之良医。"旧题华佗所著的《青囊秘传》中也强调，要将心理治疗放在首位，药物治疗为辅。尽管《华佗神医秘传》《青囊秘传》的真伪有争议，但在医学长河中有这样的心理学思想，无疑是值得肯定的。

"情志"是七情五志的简称。中医用"七情"总称"喜、怒、忧、思、悲、恐、惊"七种情志；可能是受到五行学说的影响，中医也有"五情"的说法。

所谓"情志疗法"，指通过某种手段来激发、缓解或改变患者的某种特定情绪，从而治疗由此特定情绪所引起的生理疾病或心理疾病的方法。若细分，具体的方法较多，常用的有"情志相胜疗法""激将法""应激疗法"等。

情志相胜疗法，也叫以情胜情法，就是医生根据"以情胜情"的理论，主动创设某种情境或运用某种手段，诱导患者产生新的情绪（通常与患者身上已有的不良情绪在性质上存在相克关系），并用此种新情绪来克制患者原有的不良情绪，从而消除患者的心理障碍，使其躯体疾病或心理疾病得以消除。

情志相胜疗法若进一步细分，还可细分为悲胜怒法、恐胜喜法、怒胜思法、喜胜忧法和思胜恐法等几种类型。

激将法，指人为地营造一个让患者产生短暂、强烈的愤怒情绪的情境，使患者愤怒，从而治愈患者的生理疾病或心理疾病。

应激疗法，指人为地营造一个让患者出现应激状态的情境，让患者在突然面临这一情境时产生某种短暂、强烈的情绪，做出相应的应激行为，从而达到治疗目的。古代中医有时利用人们恐惧或害羞怕辱的本能，有目的地使患者处于感到害怕、羞耻、受侮辱的环境，诱导患者产生短暂、强烈的自我防卫心理与行为，从而达到治愈疾病的目的。

当然，以现在人的观念来看，心理疗法一般只适合治疗心因性疾病，若是生理性疾病，患者的生理机能已发生器质性病变，无法以心理疗法治愈。即便在临床上运用情志疗法，也要注意刺激的强度和刺激的针对性，否则也难以达到治疗的目的。

二、灵活应用情志疗法

民间传说，华佗在治疗过程中善于灵活应用情志疗法，形成了一套具有东方传统文化特色的心理治疗方法，收到了很好的疗效。

比如，相传，在华佗家乡不远处的谯城东高庄，有个名叫高月的小伙子。有一年，在秋收割麦的时候，忽然有一个地蜥钻进了他的裤裆里。

这本不算什么大事，可高月这个小伙子平时就天性多疑，心事较重。遇到这种情况，他顿时惊慌失措，吓得屁滚尿流，在地上连连翻滚。顷刻间，在地里割麦的乡亲们一下子围了过来。

高月被围在大伙儿中间，更是局促不安。旁边的人你一句我一句给他支招。有个中年媳妇说："赶紧脱掉裤子，把它弄出来就是了。"又有一位老大爷严肃地说："你可要小心啊，这地蜥要是从屁眼儿钻进肚里，那还了得，弄不好要出人命的。"有个小伙子接上话茬："赶紧回家喝点香油，把地蜥拉出来吧。"

人们七嘴八舌，弄得高月和他的家人晕头转向，不知如何是好。

后来，在家人的帮助下，高月脱掉裤子，确认了裤子里没有地蜥，心里才稍稍安顿下来。

然而，从此之后高月落下了"心病"。他总是怀疑那只地蜥钻进了他的肚子，整天坐卧不安，茶饭不思。

到了第三天，高月还是不见好转。于是，家人请来了华佗。

华佗了解病因以后，便叫高月的家人去地里抓地蜥，并再三叮嘱此事不要让其他人知道，特别是要瞒着高月本人。

高月的家人对华佗的这种做法感到纳闷，但还是听从了医嘱，抓来一只地蜥，悄悄交给华佗，华佗赶紧把地蜥放进烧热的药罐里，盖上口闷上。不一会儿，华佗对高月说："趁药热，你坐在罐子上熏蒸。"

高月按照华佗的吩咐，马上坐上去，之后他亲眼看见药罐子里有一只地蜥，从此病就好了。

事实上，说华佗善用情志疗法，在史书中也确有依据。《三国志·华佗传》记载，有一位郡守，为官清正。但是时逢汉末，朝纲不振，群雄竞起。在他管辖的郡内，经常有军队路过，搞得鸡飞狗跳、民不聊生。郡守忧虑成疾，渐渐地得了重病。他儿子为他请医抓药，病却没有减轻，反而日益加重了。

这天，碰巧华佗路过，郡守的儿子赶紧请华佗过来为父亲诊治。

华佗看了看郡守的面容，切了脉，认为郡守这个病是忧虑成疾、淤血积身造成的，这个病要治好，必须让他生一场气，吐出淤血。

退出房间后，华佗认真地告诉郡守的儿子说："你父亲得的病很奇怪。他的肚子里积了很多的淤血，服药不会有效果，只有让他大发雷霆，吐出淤血，病才会好。"

郡守儿子着急地说："怎么才能让他将淤血吐出呢？"

华佗说："我来想办法惹他生气，你知道这事就行。"

于是，华佗向郡守要了很多财物，把钱要足了，就丢下病人跑了，甚至还留下一封大骂郡守的信。

郡守付了很多钱，没有得到治疗，医生却卷钱而逃了，还留信骂他，他一下子勃然大怒。

"说什么神医华佗，我看他简直就是个骗子！"郡守越说越来气，"华佗竟然侮辱我！来人啊！来人啊！去给我把他抓来——"

郡守的儿子知道是怎么回事，嘱咐手下人不要去追华佗。郡守见儿子袒护这个骂他的医生，气得更厉害了，一下子吐出血来。

吐出了几升黑血，郡守觉得舒畅了不少，不久，病就痊愈了。

中医认为人有七情，也就是喜、怒、忧、思、悲、恐、惊，这是人的七情。当人受到这七情的刺激以后，人的身体就会产生反应。郡守的病是受了刺激产生的，华佗刺激他，是为了让他身体内部重新恢复平衡。这是华佗使用的一种心理疗法，利用喜、怒、忧、思等情志活动调理机体，以愈其疾。

《三国志·华佗传》所举的郡守病案，可说明华佗在临床上善于采用心理疗法畅通气血，调理脏腑功能，促进疾病尽快康复。可见华佗对情志致病的认识已相当精深。

心病还须心药医。在具体的临床实践中，华佗巧妙地应用"心理疗法"，达到"四两拨千斤"的疗效。

三、这叫"疑心病"

相传，华佗在曹操营地为曹操治病之时，时常在傍晚出来散步，以排解在曹营的郁闷之心。

有一天晚饭后，华佗正步出曹营，突然看见官道上停着一辆车子，车上坐了一个重病人。这病人头上、身上、脸上都在流血，一滴滴往下落。

华佗走到车前，问病人道："你们这是往哪去啊？"

"往谯郡去。"病人说，"去找华佗治病。"

"为什么要找华佗呢？别的医生不行吗？"华佗有意追问了一句。

"我们就相信华佗，所以要去找他，而且这病有点奇怪，恐怕只有华佗才能治得好啊！"

"我也会治出血症，我给你瞧瞧吧，别去找华佗了。"华佗对他说。

病人不信，态度非常坚决，口口声声地说一定要去找华佗。

"华佗不在家呢。他正在曹营给曹操治病，去了也是白跑。"华佗劝告病人说。

病人不信。

华佗只得拦住车，告诉他："我就是华佗。"

"胡说。"病人生气地提高了嗓音，"你这小人，居然敢冒充华佗？"

"你应该相信我！"华佗耐心地劝道，"我是医生，不管怎样，我能治好你的出血症。"

"那你谈谈我身上为啥出血？"

"血往上为逆，往下为顺，用涌泉穴把血下引，就不出血了。"

路边人劝病人说："大哥，你就让他治吧，听这位老先生说的话，是内行，也许可以治好呢。"

"他没有药箱，又没有针包，拿什么治啊？"

"我自有办法!"华佗告诉病人道,"你回家买五斤烧酒、五斤醋,放在一起烧开,装在一口缸里,你坐在缸口熏上一夜,血归原路,病就会好了。如果心慌,再喝两钱人参汤。"

华佗行医图(亳州中医药文化博物馆)

病人听华佗这么说,觉得不用花多少钱,就回家照他的办法治疗,病果然好了。

过了几天,病人心里总是怀疑,心想:这病只有华佗能治,这老人家又不是华佗,咋能治好呢?想啊,想啊,身上突然又流起血来。

病人生气地说:"说他骗人,真的骗人啊,这次非找到华佗不可!"

第二天,病人又坐上车去谯郡找华佗,走了许多天,到了华佗家,一问,华佗果然是在曹营。病人回到许昌,通过曹营的将官,请华佗出营给他治病。华佗一看是这个病人,说道:"不是和你说过了吗?照我的法子做,不会错。"

病人见之前给他治病的医生真的是华佗，忽然浑身轻松，血也不流了。

病人觉得奇怪，就问：“怎么回事？我病又好了……”他把后来再次发病的事情告诉了华佗。

华佗说：“你觉得只有我能治好这个病，所以见到我病就好了。你这叫疑心病。俗话说，'病好治，疑难除'。病人要相信医生，治病的道理是一样的，只要对症下药，哪个医生都能治好病啊！”

病人听了华佗的一番话，觉得很有道理，红着脸点头称是。

又相传，有一年，华佗在徐州，遇到一位同样得了"疑心病"的老太太。

老太太姓徐，家境很好，不愁吃不愁穿，过着衣来伸手饭来张口的日子，养得白白胖胖的，六十多岁的人，脸上还见不到一点皱纹。

这天，徐老太太正在喝水，头皮发痒，伸手抓了一下，只觉得从头上落下了个什么东西，另一只手端起水杯，一口把水喝进肚。水喝到肚里后，她觉得肚子有点隐隐作痛，她想：该不是头上的虱子掉到茶杯里被我喝进去了吧？这还了得？听人说，虱子的命最长，压不死，热不坏，落在哪儿就会在哪里钻爬。这要是钻到心里，人不就完了吗？

老太太急出一身汗。一端饭碗，她就仿佛看见虱子在碗里爬，一阵作呕，就吃不下去了。一闭上眼睛，她眼前就浮现虱子在肚里钻的画面，钻得她心痛，搅得她六神无主。

老太太越想越害怕，越怕就越想。就这样熬了几天，茶饭不思，夜不成寐，自然就开始消瘦，精神也萎靡下去。

对此，老太太的儿子们非常着急，请医问药。徐老太太吃了几剂药，却不管事儿，她总是感觉自己肚子里有虫子，担心害怕，茶饭不思，过了几天，竟下不了床了。

儿子们请来好几个名医过来会诊。医生们会诊之后，都说把握不住病根。

老太太气得大声责问儿子："徐州城的医生你们都请来了吗？"

"是啊。"

"胡说，你们咋不把人家华佗给请过来？"

老太太一语提醒了儿子。

原来，华佗是老太太儿子的朋友。只是这几天着急，他们一时给忘了。他们马上派人去请华佗。

华佗来了，先看了徐老太太的病，后看了几个医生开的药方，觉得奇怪，就说："别着急，让我好好想想。"儿子们一告退，华佗就把服侍老太太的贴身侍女找过来。这个侍女名叫春卉，对老人的身心情况和生活习惯非常了解。华佗细细地询问老太太得病的时间，病因何而起，春卉一五一十地给华佗讲了那天发生的事儿……

华佗听后，高兴地叫道："她得的是心病啊！"

于是，华佗走到徐老太太床边说："徐老夫人，不妨事，不妨事。你得的是'虱心痛'，是把虱子吞在肚里引起的。"

徐老太太一听，拍着被子说："哎哟哟，真叫你给说对了！"

华佗接着说："我这里有呕吐药一副，你吃下去，马上就可以把那虱子吐出来了，病根一除，病自然就好了。"

徐老太太心放宽了些，但还是有气无力地说："华医生，好是好，只怕这虱子会钻，钻到肚肠的旮旯，一般的呕吐药，怕是吐不出来啊！"

华佗听后，认真地说："徐老夫人，您考虑得在理，只是我这药里有'篦心散'。常言说得好，卤水点豆腐，一物降一物啊，这虫子嘛，怕的就是篦子。"

徐老太太点点头，悬着的一颗心放下了。

华佗拿出药来，让人煎了，他像变戏法似的，从口袋里摸出一只死虫子，交给春卉，悄悄地嘱咐说："春卉，一会儿老太太呕吐之后，你偷偷地把这只虫子放在她的痰盂里，端去给她看看，说虫子已经从肚肠里吐出来了。她一高兴，心病一除，病就好了。你千万要做得机灵些，不要让她看出假来，懂吗？"

春卉说："华医生，您放心，我一定不让她发现！"

果然，老太太心病一除，全身舒服起来，见饭思饭，见床想睡，而且吃得香，睡得稳，身体不久就恢复了。

老太太的儿子们非常感谢华佗，又询问病源。

华佗笑了笑，对他们说："徐老夫人得的是心病，不是用药能奏效的，要感谢，你们还是感谢春卉吧，是她告诉我老夫人得的是心病的。老夫人因为疑心自己吞了虫子进肚，怕虫子钻死她，精神负担太重，才抑郁成疾啊。我不过来个对症下药，捉只死虫子哄哄她，就帮她除掉了心病。"老太太的儿子们听了，都点头称赞！

又有一年，华佗到下邳访友，当地的百姓听说华佗来了，都争着请他看病。华佗心善，面对朴实的村民，他从不拿架子，也不讲价钱，一向有求必应。于是，他一边访友，一边给人治病。

这天，华佗刚起身，就有个白发苍苍的老人，领着一个衣冠整齐的中年人来了，这个中年人一路走，一路哈哈大笑不止，坐下后，仍然哈哈大笑，引得许多大人小孩过来看热闹，把华佗的朋友家挤得严严实实，水泄不通。

领病人来的那位老人两鬓苍白，满脸忧愁，一边又气又急地看着病人，一边向华佗叙述病人的情况。

原来，他们是父子俩，儿子叫张全，是个读书人，由于家贫，人到三十还未娶上老婆。谁家的姑娘会愿意嫁这个穷书生呢？正在张全懊恼日子艰难的时候，他有个舅舅，在曹操手下做了将军。

有一天，舅舅回家探亲，见外甥境遇不佳，心中不忍，就送给他七间房子，五十亩好地。有房有地了，张全一高兴，大笑起来，大喊："我有房子有地啦，哈哈哈……我能娶妻啦，哈哈哈哈……"

这一高兴，他竟得了一个怪病，总是狂笑不止。

初时，家人和亲友以为他是因为得田得地分外高兴，没有当一回事。后来，大家见他走也笑，站也笑，日也笑，夜也笑，笑个没完没了，这才感到有些不对劲，着急起来。

张全的父亲立即四处觅医求药，找郎中给他治疗，谁知请了不少医生，吃了不少药，就是不见效。

后来，张全父亲听说华佗是名医，就带了儿子来找华佗。碰巧华佗来到了下邳。华佗一边听着老汉的介绍，一边仔细地观察病人的神色，又替张全诊了脉，脸上渐渐出现了惊骇的神情。

张老汉见华佗神色不好，知道恐怕儿子病情较重，就焦急地询问说："华医生，病情咋样啊？"华佗把身子往后一仰，靠在椅背上，显出无可奈何的样子，摇摇头叹息道："令郎的情况不妙啊，他已病入膏肓，从目前的情况看，恐怕只能活十天，我已无能为力了。"

张老汉大惊失色，强忍住老泪没有流出来，急忙跪下，求华佗救命。病人张全听了，也知事情不妙，不由得一阵惊慌，顿时出了一身冷汗。

华佗两手一摊，说："病入膏肓，已经难以挽回了。哎……"

张老汉终于忍不住了,老泪纵横地哀求道:"华神医,无论如何,您总要想想办法啊!"

张全也吓得发抖,求华佗救自己一命。

华佗沉思半晌,这才说:"哎,只怪我出门匆忙,把一剂秘方丢在我的徒弟吴普那里,我替你写封信,你们去找他,或许还有一线希望。"

张全父子听了,好像抓住了救命稻草一般,连忙说道:"太好了,太好了,那就请华神医赶快给吴医生写封信吧。"

华佗立即进屋去写信,过了一会儿,他拿出一封封得严严实实的信,交给张老汉,并叮嘱道:"我在信内,已经给吴普讲了贵公子的病情,让他见了你们,就替你们找那个秘方,请你们立即动身,不要拖延时日,一定要在十日内赶到。吴普为人朴实倔强,做事又十分细致。要是他发现书信弄脏或有拆封的痕迹,那他就会认为你们是冒充他师傅之命,天大的事,他也不会管了。切记,切记啊!"

华佗说完把信交给张老汉。

张家父子拿了华佗的信放在包袱里,连连答应说:"我们一定会保管好,一定会保管好。"

父子俩别了华佗,水陆兼程,用了八天时间就赶到了吴普那里,一路上,父子俩满脸愁容,四目对视,只恨不得长出翅膀,一下子飞过去,这几天几夜,张全哪里还笑得出来,愁都愁不过来。

船到了,老汉付了船钱,赶忙上岸,直奔华佗家。他俩找到吴普,老汉赶忙从身上拿出包裹,交上华佗给他的信件,说:"吴医生,这是华医生给你的信。"

吴普看两人满脸焦急,赶忙接过信拆开看,看着看着,吴普忽然哈哈大笑起来。

这下,张家父子被他笑得丈二和尚摸不着头脑,心里疑惑,不知吉凶,便问他:"这人命关天的事,你笑什么?"

吴普一听,笑得更厉害了,又把信给他们看,只见上面写道:"来人因乐极而狂笑不止,药物难以奏效,我故意说他病危,使其焦虑,当他二人到达徐州之日,病即愈矣。"

张家父子读了书信,这才明白,都说不出的高兴。张老汉感激地对吴普说:"你师傅华佗真是一位神医!"

防治疫病

华佗不但擅长外科，还擅长治疗各种传染性寄生虫病。相传，是华佗发现了用茵陈蒿治疗流行性黄疸病的方法。现代人从新鲜青蒿中分离出青蒿素，成为治疗疟疾的新药。

一、"安乐菜"真是一味好药

一部中华民族的文明史，也是一部中医与疫病的抗争史，中华民族历经多次瘟疫的流行，而仍生生不息、枝繁叶茂，其中有许多扶危济困的医药先贤做出了贡献，华佗就是杰出代表之一。

东汉是我国历史上非常罕见的瘟疫频发的时期，从119年至217年，这近百年间就历经多次大瘟疫。

华佗生活在这个年代，军阀混战，水旱成灾，疫病流行，人民处于水深火热之中。当时一位著名诗人王粲在其《七哀诗》里描述："出门无所见，白骨蔽平原。路有饥妇人，抱子弃草间。顾闻号泣声，挥涕独不还……"

目睹这种情况，华佗内心非常痛苦。一方面，他对当权的统治者和作恶多端的封建豪强对人民的生死不管不问十分痛恨；另一方面,他又十分同情受压迫、受剥削的劳动人民,千方百计,到处奔跑,努力用自己的医术为天下苍生解脱疾苦。

古代,通常在立秋以后,肠道疾病便开始流行。在华佗的家乡谯县有句谚语:麦茬烂,疫气散,大人小孩拉稀便。这个时节,无论大人孩子,都容易感染肠道疾病。

相传,每年立秋以后,华佗和樊阿都应接不暇,虽说肠道疾病不是什么大病,但病人众多,实在难以应付。

为此,华佗终日愁眉苦脸。

一天,华佗采药路过一个农家小院,见一位老妇人正在喂猪,嘴里不停地念叨着:"安乐菜,味道鲜,秋后喂猪有灵验,大猪吃了不生病,小猪吃了保平安。"老妇人说得有板有眼,像是在唱歌。

华佗一听这老妇人的念叨,灵光一闪,立马走进院落,与老妇人攀谈起来。

"老人家,你刚才念的话,能再说一遍给我听听吗?"

老妇人见来人很有礼貌,便放下猪食盆,又将刚才说的念叨了一遍:"安乐菜,味道鲜,秋后喂猪有灵验,大猪吃了不生病,小猪吃了保平安。"

老妇人笑了笑,说:"这安乐菜呀,猪吃了不拉稀,少生病,人吃了也少生病。我们穷人吃不起药,年年都吃这安乐菜防病,可灵验啦!"

华佗心想:这"安乐菜"真是一味好药呀!他向老妇人要了一把,放在手里仔细地看了看,又问道:"老人家,这安乐菜是你自家种的吗?"

老人向野外指了指说:"这是一种野菜,到处都有。你若要,我给你挖去!"

华佗摆摆手:"不用了,谢谢老人家。"

华佗回到家里,领着樊阿到野地里采了一篮子安乐菜,放在锅里煮了煮,给拉稀的病人喝,一试果然有效。

通过对安乐菜做进一步研究,华佗发现它不仅能治腹泻,还可治疗其他疾病。

第二年春季,谯城发生了瘟疫,病人很多,由于劳累过度,华佗病倒了。华佗的妻子和学生樊阿忙不过来,华佗一时又不能起床,病人越来越多。

华佗的妻子愁得整天唉声叹气。她想:春天生病人多,丈夫华佗虽说医术高明,可一个人的力量总是有限的呀!这不,丈夫已累得病倒了,生病的人还是这么多,能不能像用安乐菜预防腹泻那样,事先配个药方,让人们在没发病时就服用,好防止生病呢?等华佗的病好点时,妻子把自己的想法跟华佗说了。

华佗听了很是高兴,不停地点头表示赞同。

华佗认为夫人的想法很有道理。治病固然重要,如果能对疾病加以预防,岂不是更好吗?于是,华佗开始进一步对流行性疾病做预防和干预。

当时黄疸病传播人群较广,华佗潜心研究治疗方案,花了三年时间才研究出治疗黄疸病的药品,这个药方研制出来后救了许许多多的病人,很多人把华佗的药方编成了歌谣,让这个药方广为流传,治疗更多的人。

此外,《千金要方》还记载有华佗治疗疟疾及霍乱等传染病的方法。

二、治寄生虫病

华佗擅治虫病，是位寄生虫病的专家。

人体内寄生虫的种类很多，古代便有"九虫"之称。在对寄生虫病的治疗中，华佗积累了丰富的经验，有很高的造诣，相传为他创立的九虫神方、蛔虫神方、虫膨神方等，流传后世。

《三国志》中有这样的记述：

琅琊刘勋为河内太守的时候，有个女儿差不多二十岁了，这女儿生了一种怪病，左脚的膝关节内侧长了一个疮，痒却不痛，每次发作要几十天才能好，好了一段时间后间隔不久又会复发。这样反复发作已有七八年了，每次发作都无法走路，非常痛苦。

这一年，碰巧华佗行医至此，家人就把华佗接过来为太守女儿看病。

检查之后，华佗发现这位小姐的脚里长了一种寄生虫，于是自信地说此病不难治。

可是这位名医的治疗方法却让后人不得其解。

他的治法是找来一只稻糠色的狗和两匹好马，先让一匹马在前面拉着狗跑。这匹马跑累了就换另一匹。马跑了三十多里路，狗就跑不动了。他又让人拖着狗跑，直到跑了五十多里为止。此时他令小姐服药，当小姐沉沉入睡时，他取来一把大刀，把狗从肚子靠近后腿前面的地方砍断，把狗腿被砍断的地方正对着疮的创口，固定在相隔两三寸远的地方。

不久，小姐的腿内就有蛇一样的东西自疮中爬出，向流着血的狗腿爬去。

华佗马上用铁锥子横穿虫的头，虫在皮肤内摇动了好一阵子，很久也不肯出来，等虫不动了，华佗用铁锥子一点点地把虫牵出来。只见那虫子身体大约有三尺长，长得完全和蛇一样，只是没有眼珠子，而且鳞片是逆着长的。

之后华佗用药膏散敷在伤口处，七日就完全好了。

这种治疗方法，简言之，是以狗血诱虫。

先跑累狗，或许是为了在杀狗时避免狗的挣扎，同时，狗在奔跑过程中血液沸腾，血的气味会更加的浓厚，易于吸引虫子出来。

至于用奔跑疲惫之后的狗血有无引诱寄生虫的作用，以及史料中记述的虫有三尺似乎过长，等等，或许有传说的成分，这些我们不必深究。

此外，华佗治疗寄生虫病还有一个例子。广陵郡太守陈登是曹操非常信任的一个人，有一次他得了一种怪病，感到心中烦躁郁闷，脸色发红，吃不下去东西，身体也一天天地瘦了下来。

恰好华佗正在此地行医。太守得知这一消息后，便马上派人请华佗给他诊病。

"您是不是吃了不清洁的鱼啦？您胃中有好几升虫，已经聚结成团了，将在腹内形成毒疮，这是吃生腥鱼肉造成的。"华佗为太守切脉之后告诉他说。

陈登半信半疑："我是吃过鱼啊，好吧，你治治看吧。"

华佗马上煎了二升药汤，让陈登分两次喝下，陈登先喝了一升，大概过了一顿饭的工夫，陈登吐出了约三升小虫，吐出来的虫，头部是赤红色的，还都会动，上半截是虫，下半截还是生鱼块。虫吐出来了，病痛也就好了。这可把陈登吓坏了，问华佗道："虫吐尽了，病可算好？"

"当然算好！"华佗说，"但这种病三年后会再次复发，如果发作的时候遇到良医，还能救活，如果遇不到良医恐怕就没救了。"

三年以后，陈登果然旧病复发，当时华佗不在，没人可治，正如华佗预言的那样，陈登病死了。

《华佗传》未讲陈登腹中的"赤虫"叫什么名字，但此虫能置人于死地是确有记载的。这种虫究竟是什么呢？一般认为，陈登腹中的"赤虫"，就是血吸虫。

血吸虫，是寄生在人体或家畜门静脉系统内的一种病虫。在血吸虫流行的地区，人在有钉螺的水中劳动，血吸虫就会钻进人的皮肤，引起血吸虫病。这种病严重损害人的健康，病重可以致死。

《三国志·魏书·武帝纪》中明确记载了曹军在赤壁遭遇瘟疫之事。"公至赤壁，与备战，不利。于是大疫，吏士多死者，乃引军还。"据有关专家研究，曹军中流行的瘟疫就是血吸虫病。赤壁之战曹军失败，血吸虫病的流行也是原因之一。

1949年前后，血吸虫病广泛流行于中国南部12个省市，上万的农民和渔民受到感染，上亿人口受到威胁。血吸虫病猖獗的地方，人民大批死亡，没有死的也大多挺着大肚子，面黄肌瘦，能吃却不能劳动。

面对这种状况，毛泽东主席忧心如焚，极为关注。当他听到江西余江县（今江西鹰潭市余江区）消灭了血吸虫病后，激动得一夜未睡，写下了《送瘟神》诗二首。

毛泽东在诗中回忆过去，描述了"瘟神"给中国带来的无穷灾难：祖国的南方，向来以鱼米之乡著称，这里青山绿水、风景秀丽。可是，小小的血吸虫竟使大好河山肃杀暗淡。没有共产党的领导，不发动群众，纵使有像华佗那样的名医，对血吸虫病也无能为力。

毛泽东在"瘟神"肆虐的时刻想到了神医华佗，并不是看不起华佗的能力，相反，是希望全国人民群策群力，坚决消灭血吸虫病。

三、屠苏酒与金针菜

相传，面对瘟疫的广泛流行与严重危害，华佗深深感到药品的不足。他苦苦地思考，认为防胜于治。一个硕大的问号悬在他的面前，到底有什么好办法，能让更多的百姓提前预防疫病，或能干预疫病的蔓延？

有一年快要到除夕，正是阖家团圆的日子，在外奔走的人都在家里欢聚，这本是一件值得庆幸的事。可是，冬天传染病多，人员集聚起来，疫病就会传播得更快，本是团圆的日子，许多人却又要面临被瘟疫夺走亲人的灾难。

一想到这里，华佗内心有种说不出的痛楚。

他想，如果把预防疾病的药物投入井中，通过地下水到达各家各户，那么大家就都可以获益了。

于是，华佗配制出了提升正气、预防瘟疫的药方，他将大黄、白术、桂心、防风、蜀椒、乌头、附子等药材配制好，在除夕夜投入井中，这种防疫治疫的办法后来被历朝历代所沿用，每遇瘟疫，官府就会将药物投在水井里。

这一年大年初一，附近的乡邻都来给神医华佗拜年，华佗取出药包，和着井水配上家乡的九酝春酒，在自家的屋里煎制，与前来拜年的乡邻一起饮用，以达到防治疫病的效果，临走时又每人赠送一包药，让他们带回家。

相传，华佗还将大黄、白术、桂心等中药配制好后，放入酒水之中，浸制而成防疫药酒。这就是"屠苏酒"。

屠苏，一般认为是一种药草，阔叶，可与肉桂、山椒等调和，成屠苏酒。古代汉族风俗，于农历正月初一饮屠苏酒，以避瘟疫，故屠苏酒又名"岁酒"。

当时，民间曾传唱一首歌谣："一人饮，全家无疫；一家饮，一里无疫。"

屠苏酒所用药物及制法，在《本草纲目》《备急千金要方》《小品方》《遵生八笺》《景岳全书》《杂病源流犀烛》等医药典籍中均有记载，内容大同小异。

其后，屠苏酒又受到张仲景、孙思邈、李时珍等诸多著名医家的推崇，在民间产生了巨大的影响力。久而久之，正月初一饮屠苏酒便成了过年的风俗。

在中国的酒桌上，一般饮酒都是长辈先喝，以示尊重，而饮屠苏酒却是自小孩开始，年长者最后饮。这是因为喝屠苏酒是在岁末除夕，小孩是得岁，老人是去岁，所以让小孩先饮，恭喜他又长了一岁。屠苏酒能够防病祛疫，让小孩先饮，也饱含着长辈对晚辈的关爱。

在中国为数不多的历史文化名酒中，屠苏酒一枝独秀，文化内涵无与伦比。有些地方将屠苏酒归入神话，认为它不但能防治百病，甚至可以赐吉祥、降福祉。

北宋大文学家王安石留下了"爆竹声中一岁除,春风送暖入屠苏"的著名诗句。南宋诗人陆游在《甲子岁元日》里也曾感慨道:"饮罢屠苏酒,真为八十翁。本忧缘直死,却喜坐诗穷。米贱知无盗,云黔又主丰。一箪那复虑,嬉笑伴儿童。"直至明清时期,这一古老习俗仍盛行不衰。《红楼梦》第53回"宁国府除夕祭宗祠,荣国府元宵开夜宴"中描述贾母除夕之夜从宁国府归来后与儿、媳、孙子们欢度除夕,"摆上合欢宴来,男东女西归坐,献屠苏酒、合欢汤、吉祥果、如意糕"。

屠苏酒充斥着年味,饱含着亲情,寓意着安康。人们喝上这种酒,就不自觉地念及华佗的医德风范。

为了防瘟疫和抗瘟疫,民间还流行着华佗与金针菜的故事。

有民谣说:"三庄金针丁嘴菜,山南海北没有盖。"意思是,其他地方出产的金针菜,都不能盖过三庄和丁嘴的。丁嘴的金针菜饮誉大江南北,1910年曾参加南洋劝业会,极受欢迎,被称为"丁庄大菜"。

金针菜形态肥壮,色泽金黄,富含人体所需的多种维生素和微量元素,具有较高的药用价值。《本草纲目》对其食用和药用价值有明确的记载。

民间传说,丁庄大菜名气之所以大,与神医华佗有关。

三国时期,泗阳一带瘟疫流行,死人很多。华佗行医到本地后,见此情景,内心非常焦急。他日夜为人治病,在这家扎完针,又急忙跑到那家去配药。三个月之中,他挽救了许多人的生命。

一天,华佗进入丁嘴为百姓治病,忽然有公差拦住去路,说曹操头痛复发,命华佗迅速赶回。华佗不得不去曹营,可是他又不忍心抛下当地百姓。

当天夜里，华佗辗转反侧，不能安眠，一直在思考怎样才能救当地百姓。天快亮时，他迷迷糊糊，忽然梦到一位仙人来到他面前，手握一把金针，把金针向他怀里一扔就走了。

第二天，华佗要上路，许多人扶老携幼地蜂拥过来，呼天喊地，将华佗团团围在中间。见此情景，华佗泪如雨下，向人们喊道："各位父老乡亲们，华佗今天要走了。今有一束金针，送给你们，用它解决病痛吧。"华佗双手向上一扬，飞出一束金光。人们顺着金光看去，只见漫山遍野都长着花朵。这些花朵有手指粗，金光闪闪，异香扑鼻。有几位老人走上前，看着这些奇异的花朵，说："这是金针菜啊，可能神医是要告诉我们，可以用这个来治病。"人们于是采其花朵，煮水喝下去，瘟疫渐渐止住了。

晋代的葛洪在《肘备后急方》中，也记载了华佗对于尸注、鬼注、晕车晕船、卒中恶死、卒客忤死、霍乱、瘟疫等病症状的描述及防治之法。

巧治疑杂

华佗博览古代诸多医案,又经过多年的临床实践,丰富了医疗经验。他断病快速准确,攻克了许多疑难杂症,创造了医学奇迹。

一、探试疗法

在巧治疑难杂病方面,中医有独特的效果。华佗在总结临床经验的基础上,在这方面独树一帜。

探试疗法是为明确疑难病症而创立的一种独特的治疗方法。针对一时难以确诊的患者,可以拟定一种治疗方法进行试用,并根据治疗后的反应来判断病因病情,在不断地试探治疗中寻求最佳治疗方案。这样的案例在华佗的医疗实践中很多。在民间传说中,华佗经常使用探试疗法诊治病人。

相传,有一次,华佗被人请去,为其三岁的小公子治病。小公子不能吞咽,经诸多医生诊治均无效,汤药都难下咽,但脉搏却是正常的,脸色也无异常。

这是何种疑难病呢?华佗百思不得其解。

华佗命家中仆人将食物送入小公子嘴里,只见小公子勉强动嘴，却咽不下，也吐不出，脸部涨得通红，甚为痛苦。经反复观察，华佗确定小公子喉内一定有异物。

经过仔细询问，华佗方知，侍从带着小公子在荷塘边游玩时，小公子忽然吞进了一颗荷叶上的螺蛳，卡在喉里吐不出来了。

华佗弄清病因后，考虑到那么多医生的汤药都不管用，该怎样治疗呢？他灵机一动，想出一个绝招，马上叫仆人设法购回一百只鸬鹚来，并设法取出鸬鹚的口涎。华佗把鸬鹚口涎徐徐灌进小公子的口里，第二天早晨，侍从告诉华佗，小公子能咽进食物了。

小公子的父亲设宴感谢华佗搭救儿子性命之恩。

席间，小公子的父亲问华佗：此秘方从何而得？

华佗说："我每次在江边采药时，发现鸬鹚以田螺为食，心想鸬鹚定能化解田螺，而小公子的喉咙是被田螺所梗，用此药或能取得神效。"

小公子的父亲听罢，不断感叹："神医果真是名不虚传！"

二、以毒攻毒

相传华佗在行医的过程中，最注重虚心向别人学习，取长补短。即使是后来成为非常有名的医生了，也同样不忘向老医生求学请教。

有一次，华佗得知一位医生医术高明，就扮成普通人，去当了那位老医生的学徒，一学就是三年。

一天，老师外出了，华佗同师弟在家里拣药。门外来了一个肚子像箩筐、腿粗如柱的病人。病人听说这儿有名医，跑来求治。老师不在家，徒弟不敢随便接待，就叫明天再来。病人苦苦哀求道："求求先生，给我治一下吧！我家离这儿很远，来一趟不容易。"

华佗见病人痛得厉害，不能延迟，就说："我来给你治。"华佗拿出二两砒霜交给病人说："这是二两砒霜，分两次吃，可不能一次全吃了啊。"

病人接了药，连声感谢。

病人走后，师弟埋怨道："这砒霜是毒药，吃死了人怎么办？"

"这人得的是膨胀病，必须以毒攻毒。"华佗说。

"治死了谁担得起？"师弟反问了一句。

华佗笑着说："不会的，出了事我担着。"那个大肚子病人拿着药出了城，正巧碰上老医生回来了，病人便走上前去求治。老医生一看，说道："你这病容易治，买二两砒霜，分两次吃，一次吃有危险，快回去吧！"

病人一听，说："二两砒霜，你徒弟拿给我了，他叫我分两次吃。"

老医生接过药一看，果然上面写得清楚，心想："我这个验方没有传给徒弟呀？除了我，只听说有个叫华佗的医生用这验方给人治过病。"

回到家里，老师问两个徒弟："刚才治大肚子病的药是谁开的？"

徒弟指着华佗说："是师兄，我说这药有毒，他不听，偏要给病人开药。"

华佗不慌不忙地说："师傅，这病人得的是膨胀病，用砒霜以毒攻毒，病人吃了有益无害。"

"这是谁告诉你的？"

"我以前听说过这个药方,也拿它治过病。"

老医生这才明白过来,自己这个徒弟是华佗,连忙说:"华佗啊!你怎么到我这儿来当学徒啊!你已经声名远扬,为什么要吃这份苦?"

华佗说道:"老先生,人的才能有高有低,但都有各自的长处,我没有的东西,你有,那我就该来向你学习!行医人本就是一样的啊!"

以上故事只是民间传说,不足为信,不过,砒霜确实有一定药用价值,其成分甚至可以用于治疗白血病,这也佐证了中医中的以毒攻毒并非全无道理。

作家艾宁在《问中医几度秋凉》中,有这么几句说的是她做中医的母亲用毒药给患者治病的情况:"母亲也用毒药,但所用毒药较之田姥爷就少得多,而较之别的医生则更多。"[①]从这里可看出,在临床治疗中,中医大夫或多或少地会用些毒药进行治疗。

艾宁叙述道,中医常使用毒药。其母亲拜过的师傅,就是文中的田姥爷,她见过,是位老中医,他的诊室里总是挤满了人,这位田姥爷就像一位将军,开药如调兵遣将。"田姥爷用药'霸气',巴豆、砒霜是他的常用药,血崩的人他敢给开'破'药,他敢让'十八反'到人肚子里反……田姥爷这一代中医治病是该怎么治就怎么治,敢放手、放胆,但到了我母亲这一代中医就谨慎很多。"[②]

[①] 艾宁:《问中医几度秋凉》,中国中医药出版社,2018,第43页。
[②] 艾宁:《问中医几度秋凉》,中国中医药出版社,2018,第43页。.

三、单方治病

传说,华佗一年中有八九个月的时间会离家给人治病。他吃得了苦,走到哪儿,歇到哪儿,不管是城里还是乡村,他从不计较饮食、床铺的条件,只是一心为病人着想。遇到疑难病症或好的单方,他会随手记载下来,存入青囊,供日后参考或研究之用。

这一年,华佗正行医在淮北的青杏庄,给一个姓单的穷老汉的儿子治病。华佗号过脉,开过药,就让单老汉去煎药。因为单老汉儿子的病有点奇怪,华佗一时未敢离开,他就背着手踱出门外,村前村后地随便走走看看的。

忽然,天哗哗地下起了大雨,华佗赶紧跑到村东一个姓王的老汉家的屋檐底下躲雨。王老汉正站在屋檐下,手捧着蒜臼接茅檐滴下的雨水。华佗见老汉的行动有些蹊跷,就问道:"老大爷,你接这水是有啥用啊?""华医生,这是个单方啊。"王老汉回答说。

"啊!单方?"华佗从未听说过,感到很新奇,便追问道:"这是治什么病的?"

"洗猴疣,可以不生疤痕。"

"好!"华佗一高兴,便凑到王老汉面前,边看便问道:"王大爷,这单方已经治好了多少人啦?"王老汉掰着手指头数了数,本村的哪些人,邻村的哪些人,都一一地讲给华佗听,华佗全都记下了姓名。

华佗在青杏庄住了七八天,在为单老汉的儿子治病的同时,他偷闲挨家挨户地去看蒜臼茅檐水治好的猴疣病人。果然，这些人之中，无论男女老少，长猴疣的地方，没有一个留下疤痕。华佗于是记下了这个单方。

根据现代研究，大蒜中含有大蒜素，对一些真菌、病毒有抑制作用。因此，古人用蒜臼茅檐水治猴疣，现在虽已过时，但其中也有一定科学道理。

《三国志》说："华佗之医诊……诚皆玄妙之殊巧，非常之绝技矣。"《后汉书》记载："佗方术实工，人命所悬，宜加全宥。"

华佗诊断快速准确，对症施治，有着丰富的临床经验和高超的治疗技艺，不愧为一代"神医"。

第三篇 民医之药

中药是中华民族数千年绚烂文化不可分割的组成部分,为中华民族的繁荣昌盛和人类健康做出了突出贡献。

华佗是一位国药泰斗,他一生到处采集草药,他的药箱里,总是装满了各种各样的药物。

一、何为"中药"

"药",《说文解字》释为"治病草",明确指出"药"乃治病之物。

"离离原上草,一岁一枯荣。"草木是大地的毛发,也是时间的信使。药,源于草,本身也就是草,只不过具有治病的功能。从"草"到"药",我们的祖先进行了多少艰苦的探索与积累!

在远古时期,药总是被蒙上一层神秘的色彩。当一位患者处于生死边缘的时候,医生能用一剂良药将其治愈,人们便称之为"起死回生""药到病除";当一个人陷入必死的绝境时,人们又会说他"无药可救"了。

无论怎样技术高超的医生,治病救人都离不开"药"。所以,在古代社会,人们对"药"的功能,有着许许多多的神奇描述。

关于中药起源的传说颇多。"伏羲氏尝味百药而制九针""神农尝百草""伊尹制汤液"等,都反映了华夏先祖认识和使用药物的过程。

目前,学术界基于考古学、民族学、生物学和古代文献记载等诸方面综合研究,一般认为中药知识起源于原始社会。

原始时期,人们在生活与生产活动中,无意识地发现某些动植物作用于人体,会引起一些反应或中毒现象。有时,人们会因偶然吃了某些动植物,原有的疾病得以减轻甚至消失。为了同疾病做斗争,上述经验积累到一定程度,人们开始有意识地观察试验、口尝身受，逐渐积累了一些鉴别食物、药物和毒物的用药知识，并经不断总结和交流，有意识地加以利用，慢慢形成了早期的药物疗法。

随着社会发展和文化的进步，传播药物知识的方式也由最初的"口耳相传"发展到文字记载。所谓"神农尝百草"和"药食同源"就是当时境况的真实写照。

传说中的炎帝神农氏为"宣药疗疾"，拯救病人，使百姓益寿延年，跋山涉水，行遍三湘大地，尝遍百草，了解百草之药性。为找寻治病解毒的良药，他几乎嚼尝过所有植物，"一日遇七十毒"。

神农在尝百草的过程中，识别了百草，发现了具有攻毒祛病、养生保健作用的中药。

神农亲验百草药性，这是中药的重要起源。

这一过程经历了漫长的时间。无数次的反复实践，积累下来许多药物知识，被记载下来。随着岁月的推移，积累的药物知识越来越丰富，并不断得到后人的验证，逐步以书籍的形式固定下来。

古人的药性知识，部分直接来源于实践，而更多的是先思考，后实践，再思考，再实践，总结出来的。

目前所知最早的"药"字，出自数千年前古钟鼎类铜器上的铭文（即金文）。自西周以后，"药"字使用增多，如《尚书》有"若药弗瞑眩，厥疾弗瘳"；《易经》有"无妄之疾，勿药有喜"；《礼记·曲礼》有"医不三世，不服其药"；等等。《诗经》《山海经》等书中也收载了不少植物、动物和矿物所制之药，甚至明确记载了某些药物的疗效。

唐代诗人贾岛，有一首名叫《寻隐者不遇》的诗："松下问童子，言师采药去。只在此山中，云深不知处。"诗人说：我在松下问童子，童子说先生上山采药去了；只知道他是在这座山中，但山里的云雾深重，不知道他到底在哪里。

这首诗颇富禅机，描绘出了采药师傅的清逸高妙之趣。

当然，采药、辨药更是个艰苦而复杂的过程，一不小心就会出错或混淆。比如，北宋时的科学家沈括在《梦溪笔谈·药议》中就专门讲过一个故事。

他说，杜若就是现在的高良姜，后世的人不知道，所以又另外列出高良姜的条目，类似的情况有很多，有的是因为主要疗效不同，一般古人所载药物主要功效多不详尽，后人用久了，药物功效逐渐显现，可治范围逐渐扩大。很多药都是这样的例子，岂止杜若？后世的人又把高良姜中比较小的叫作杜若，还有把北地山姜当作杜若的。杜若，古时候的人把它当作香草，北地山姜什么时候有过香味？高良姜的花抽穗以后很好看，当地人用盐梅汁将之腌制成酸菜，南方的人也称它为山姜花，又叫豆蔻花。《本草图经》说，杜若的苗像山姜，花是黄赤色，果实是红色，大的像棘子，中等大小的像豆蔻，在峡山、岭南北可见。这就是高良姜，高良姜的种子像红蔻。文人把它比喻成兰花、白芷。

在我国古代典籍中，传统药物多被称为"药"、"毒"或"毒药"。

"中药"一词的广泛应用，与外来药物（尤其是西方药学）的输入直接相关。随着十七至十八世纪我国西学东渐速度加快，西方医药输入日益增多。由于中西药之间有明显的差异，为便于区分，人们逐渐把中国传统药物称为"中药"。

"中药"一词在二十世纪初正式成为我国传统药物的称谓，但是直到1950年以后，"中药"一词才大量出现在行政机构、学校、书籍、团体和会议的名称上，一直沿用至今；目前，在《中华人民共和国中医药法》中,"中药"是指包括汉族和少数民族药在内的我国各民族医药的统称。

从历史上看,中华民族屡经天灾、战乱和瘟疫,却能一次次转危为安,人口不断增加,文明得以传承,中药做出了重大贡献。

二、博大精深的中药文化

华佗是中医发展历史上的一座高峰,是中医中药学习实践中绕不开的重要人物之一。从现阶段发现的历史资料来看,华佗在中医方面的贡献不仅仅体现在临床治疗方面,还体现在中药文化的传承与创新上。

记载华佗药学知识的书籍有:《华佗方》,这是华佗的弟子吴普所写,又称《华佗药方》,共十卷。《华佗方》直到唐代还有保存,此后逐渐散佚;《玉函方》,是晋代葛洪所撰,葛洪是江南名士、著名医学家。其《玉函方》撰为百卷,传播不易,遂失,葛洪又从《玉函方》中摘录实用的药方汇编成《肘备后急方》,简称《肘后方》,这是我国第一部临床急救手册,里面收录了很多华佗的医术、方药;《吴普本草》,是华佗的学生吴普所著,这本书保存了华佗的药方成果,总结了东汉以前的本草经验,促进了本草学的发展,可惜已散佚。

我国中药学的历史源远流长,可追溯到原始社会"神农尝百草"。秦汉后期,随着交通日渐发达,少数民族地区的犀角、琥珀、羚羊角、麝香,以及南海的龙眼、荔枝核等渐为内地医家所采用,东南亚等地的药材也不断进入中国。

《神农本草经》就是当时流传下来的现存最早的药物学专著，它总结了汉以前人们的药物知识，载药365种，并记述了君臣佐使、七情和合、四气五味等药物学理论，对于合理处方、安全用药、提高疗效具有十分重要的指导作用。长期临床实践和现代科学研究证明该书所载药效大多是正确的，如麻黄治喘，黄连治痢，海藻治瘿等。[1]

东汉时期，张仲景所著《伤寒杂病论》提出了外感热病（包括瘟疫等传染病）的诊治原则和方法，论述了内伤杂病的病因、病证、诊法、治疗、预防等的辨证规律和原则，确立了辨证论治的理论和方法体系，被中医界称为"医圣"。后世又将该书分为《伤寒论》和《金匮要略》，两书实收方剂269首，基本上概括了临床各科的常用方剂，被誉为"方书之祖"。华佗创制了麻醉剂"麻沸散"，开创了将麻醉药用于外科手术的先河。

中国本草学发展到隋唐五代时期，开始逐步趋于成熟。此时，本草学得到国家的重视，官府出面组织编撰、修订、颁行本草学著作，使之成为具有药典功能的作品；同时，本草学知识领域进一步扩大，开始出现一些分支性的专门著作。其中，唐代苏敬等奉唐高宗旨意编撰的《新修本草》，体现了这一时期本草学的主要成就。

鉴于陶弘景《本草经集注》中的乖违及当时医家用药的紊乱，苏敬对本草学进行了初步的整理研究，并于657年上书唐高宗，请求官府修订本草。唐高宗李治采纳了苏敬的建议，征召当时的著名医药学家和科学家、艺术家等，以及行政官员二十余人，由苏敬主持，共同进行修订工作。在修订工作中，苏敬等人采取了实事

---

[1] 李经纬:《中医史》，海南出版社，2015，第63页。

求是的科学态度，注意实际的调查研究工作。一方面，他们提出以"《本经》虽阙，有验必书，《别录》虽存，无稽必正"为指导思想，不为前代本草著作，哪怕是经典著作所束缚；另一方面，他们又强调"下询众议""定群言得失"，广泛地征求各方面的意见，注意吸收各方面的经验。其间，他们还下令全国郡县征集地道药材，并各按实物描绘成图，送至京城，以备修订参考。该书之编撰，实际上动员了全国的人力、物力，经过两年紧张的整理研究，于659年编撰成《新修本草》（或称《唐本草》），由官府颁行全国。

《新修本草》是我国医药发展史上第一部具有药典性质的专著，比曾被认作世界上第一部药典的《纽伦堡药典》（1542）要早800多年。全书正文20卷，目录1卷，《新修本草图》25卷，《新修本草图经》（药图的说明文字）7卷，共53卷。在两年时间内完成如此巨著，实属不易。

唐代医家孙思邈集毕生之精力，著成《备急千金要方》《千金翼方》，其中，《备急千金要方》分为30卷，合方论5300首；《千金翼方》亦有30卷，载方2571首，两册典籍可谓集唐以前方书之大成。

宋代是中医药发展的鼎盛时期。官府对中医教育比较重视，专设"太医局"作为培养中医人才的最高机构，且专设校正医书局，有计划地对历代重要医书进行收集和整理。

明清时期，中医药也得到较快发展，突出成就是医家李时珍历时27年之久写成《本草纲目》，收载药物1892种，附方1万多个。《本草纲目》不仅为中国药物学的发展做出了重大贡献，而且对世界医药学、植物学、动物学、矿物学、化学的发展产生了深远的影响。《本草纲目》先后被译成日、法、德、英、拉丁、俄、朝鲜等十余种文字在国外出版,被达尔文称为"中国古代的百科全书"。书中首创了按药物自然属性逐级分类的纲目体系。

明清时期中医药的发展也带动了中药堂、中药铺的兴起。广誉远创始于明嘉靖年间(1541),是中医药史上现存最悠久的中华老字号;陈李济创建于1600年,是现存最古老的中药堂,取名陈李济,寓意"陈李结缘,同心济世"。之后又陆续出现了同仁堂、雷允上、九芝堂等中药堂,这些距今三五百年的老字号,虽历经朝代更迭、战乱洗礼,至今依然生机勃勃,以传统的制作技艺为基础,造福百姓,并成为家喻户晓的知名品牌,在中医药漫长的历史上留下了浓墨重彩的一笔。

中医药发祥于中华大地,在不断汲取世界文明成果、丰富发展自身的同时,也逐步传播到世界各地。

早在秦汉时期,中医药就传播到周边国家,并对这些国家的传统医药产生重大影响。而明代末年至清初,欧洲出版有关中医药的图书约有10种。在这些中医药著作中,以波兰耶稣会来华传教士卜弥格所撰之书影响最大。他于1643年来华,利用传教的形式接触明代皇室贵族,同时,他很留意中国医药学,在调查研究的基础上,用拉丁文编撰了一部《中国植物志》,多取材于中国本草学著作,是目前所知向西方介绍中国本草学的最早文献。此书1656年在维也纳出版后,颇受西方学者的注意。卜弥格还用拉丁文译述了中医学的脉诊、舌诊、中药制剂等。

到近代,西医西药不断传入中国。当时,有许多人主张医学现代化,中医药陷入存与废的争论之中。

1929年,国民政府以"愚昧落后""阻碍科学""医事卫生障碍"等理由,通过了"废止中医案",此政令一出震动了整个医学界。通过中医界人士和爱国人士的共同努力，中医得以保留，但国民政府对中医的态度却日渐苛刻，中医几乎无法得到任何来自官方的支持。

全面抗战期间，由于战斗环境艰苦，许多八路军将士患上流感、疟疾，高烧不退，但治疗这些疾病的奎宁等西药却难以进入根据地。当时的医务人员上山采集柴胡，熬成汤药给病患服用，收到良好疗效。但汤药不便服用和携带，时任八路军129师卫生部部长钱信忠[①]建议将柴胡蒸馏制成针剂。经过多次试验后，成品终于研制出来。至此，中医药史上具有划时代意义的供肌肉注射的第一支中药注射液终于研制出来，被命名为"瀑澄利尔"。1941年，该药受到晋冀鲁豫边区大会的奖励，并被正式命名为"柴胡注射液"。

柴胡注射液的诞生，打破了中药无注射剂的历史，在战火纷飞的年代，为抗日军民的战地救治和身体健康做出了不可磨灭的贡献。

1949年后，卫生部设立了中医司，各省、市、县相应设置了中医处、中医科和中医股等机构，发布了《中医师暂行条例》和《中医诊所管理暂行条例》，组建了中医学会，通过举办中医进修学校及进修班、开展中医带徒等一系列工作，保障了中医药事业的健康、科学、稳步发展。

1999年出版的《中华本草》，总结了我国两千多年来中药学成就，学科涉猎众多，资料收罗广博，分类先进，项目齐全，载药8980种，在全面继承传统本草学成就的基础上，增加了化学成分、

---

① 钱信忠（1911—2009），江苏宝山县（今上海市宝山区）人，1935年加入中国共产党，1955年被授予少将军衔，历任卫生部长、国家计划生育委员会主任、中国红十字会会长等职。

药理、制剂、药材鉴定和临床报道等内容,在深度和广度上,超过了以往的本草文献,成为反映了二十世纪中药学科发展水平的综合性本草巨著。

三、发现青黏

华佗一生游历了不少地方,他到处采集草药,向群众学习医药知识,除了系统地接受古代的医疗经验外,还能很好地重视和应用民间的医疗经验,通过反复的试验掌握了不少中药的特性。

民间相传,有一天中午看完病人后,华佗与他的两个学生吴普、樊阿讨论常见的几种树叶、青草等的药效。

华佗顺手拿起几株草药,对他们说:"这是青黏,算'无名小草',《本草》中没有它的名字,以前没有人把它当作药用。我从一个病人那里得到启发,经过试验,逐渐弄清了它的药用效果。"

华佗接着讲了下面的故事:

有一次,一位老樵夫看完了病,从自己的背篓里拿出一段草根问华佗:这东西能不能加到药里面一起煎了吃?

华佗接过草根,左看右看不知是什么东西,反问老樵夫为什么要把这东西加进药里一起煎了吃。原来,有一回老樵夫在山里迷了路,带去的干粮吃完了,只好采野果、挖草根,用来充饥,终于维持了生命,找到了出路。在吃过的许多野果、草根中,老樵夫发现,这种草根吃了耐饥,肚子也不难受,而且吃了它有一股使不完的劲似的,他就想到这玩意儿可能是一种药。

华佗向老樵夫讨来这种东西,自己试服,又在病人中试用,证明这种植物没有毒性，味甘，性温，具有补中益气和润肺的作用。

这种植物当地人叫它青黏。

吴普、樊阿又问："这个青黏我们没有听说过，不知是不是到处都有？"

华佗说："青黏在我们家乡那一带，以及我们曾经到过的丰沛（今江苏丰县）、彭城（今江苏沛县之西）、朝歌（今河南汤阴西南）等地区都有。有的地方管它叫地节，有的地方叫黄芝，可能还有别的名称。"

华佗这么一说，令学生们大受教益。他们了解到，并不是所有的药《本草》中都收了，即使收进，名称也可能与实际的有差别。作为医生，对中药不能过于教条。对每一种药草，都要亲自甄别，不能想当然。

《后汉书·华佗传》记载，华佗利用青黏这种草药，与漆叶一起，配制出漆叶青黏散，传授给徒弟，用于健体强身。据说，学生樊阿听了华佗的建议，常年服用漆叶青黏散，结果活到了一百多岁。

关于青黏是什么，有两种说法，一种认为是玉竹，另一种认为是黄精，多数人偏向于黄精。黄精具有补中益气、润心肺、强筋骨的功效。

民间又传说，华佗经常云游四方采药治病。有一次，他进山采药时，看见两个壮汉追着一个小姑娘跑，说来也怪，两个壮汉累得气喘吁吁，却死活追不上前面的小姑娘。华佗心生疑惑，便拦下壮汉问话。

原来，小姑娘是他们府上的丫头，因为不听从使唤，和主人对着干，结果被关起来了，后来小姑娘自己逃了出来，他们追到此地，还是让小姑娘跑了。

华佗听完大为吃惊，这小姑娘这么能跑，而且还能在深山里生活，一定有什么秘密。

过了几天，华佗看到小姑娘在悬崖边出没，便趁她不在时把干粮放在她的藏身处，小姑娘回来后看见食物，不假思索地吃了起来。

华佗趁机出现，吓了小姑娘一跳，她对着华佗拳打脚踢。

直到华佗说明来意后，小姑娘才从身后拿出一种野草的根。华佗把这种草根带回去，尝试着给病人吃，发现它不仅能养肾补气，还有润肺生津的作用。

后来，华佗把这种草根命名为"黄精"，此名一直沿用至今。

四、发现紫苏

相传，有一年的九九重阳节，华佗带两个徒弟到镇上酒铺饮酒，以欢度这个重阳节。

就在这个酒店里，他们恰逢几个少年比赛吃螃蟹。

华佗心想，螃蟹是寒性食物，吃多了会生病的，便上前好言相劝。可这几个少年不但不听劝告，反倒讽刺华佗眼馋。华佗一看劝说无效，便转身让酒铺老板别再卖螃蟹给少年，以免酿成大事故。可是，这位老板也听不进去。华佗无奈，只好坐下来与徒弟一起吃自己的饭。

真是"不听老人言，吃亏在眼前"。就这样过了一个时辰，那伙少年突然额上冒汗珠，捧着肚子在地上翻滚，肚子痛得喊天叫地。酒店老板吓坏了，忙上前询问缘故。少年们都捂着肚子说螃蟹有毒，要求老板速去找大夫。这时，华佗主动上前说自己是大夫，可治病，但要求少年们以后要尊重老人，听取老人劝告，少年们疼得要命，立即答应了。

华佗让少年们等片刻，自己出门取药去了，徒弟忙跟上，说道："师傅，要取药我回药店取便可。"

"不用，酒铺门外就有药。"说完，华佗便去门外采了一些紫苏叶，让老板马上熬汤给少年们服用。老板给少年们送上紫苏汤，少年们服用完了后，很快不再感到肚子痛，他们用疑惑的眼神看着华佗，向华佗再三道谢，走出酒店，平安地回到了家。

酒铺老板对华佗刮目相看，连连道谢。

事后，两徒弟心里很是疑惑，便问华佗："老师，您可从没有用紫苏治过病，您怎么知道紫苏能治吃螃蟹中毒的病？是哪本书上这样写的？"华佗说："书上没有讲过。但难道你们忘了？前不久我们不是看到过水獭吃紫苏叶治病的情况吗？"

徒弟顿时回想起来，有一天，华佗带着徒弟在一条河边采药。他们看到水里有一只水獭，逮住了一条非常大的鱼，一口气全吃了。由于吃得太多，水獭很是难受，不停翻滚，后来，只见水獭爬到岸边一块紫苏地边，吃了些紫苏叶，又爬了几圈，回到了河边，一会儿便舒坦自如地游走了。

看到这个情景，徒弟只是感到有趣，而华佗在观察的同时却加上了思考。他把这个情景记在心里，思考着其中的原因。

"鱼属凉性，紫苏属温性。今天少年们吃的螃蟹也是凉性，我用紫苏来解毒，这是向水獭学的。"华佗对徒弟解释说。

此后，华佗把紫苏的茎叶制成丸、散。给人治病时，他又发现这种药还具有表散功能，可以益脾、宣肺、利气、化痰、止咳。

紫苏别名桂荏、白苏、赤苏等，为唇形科一年生草本植物，具有特异的芳香，叶片多皱缩卷曲，尖端长尖或急尖，基部圆形或宽楔形，边缘有圆锯齿，两面为紫色（或上面绿色），质脆，气清香，味微辛。紫苏全身都是宝，苏子、苏叶、苏梗皆可食用或入药。

近年来我国对紫苏的药理研究表明，紫苏能起到止血、抑菌、止痒的作用，还能促进肾小球膜细胞的增殖。紫苏在临床上常用于治疗风寒感冒、腹泻、呕吐、寻常疣、子宫出血、鞘膜积液等疾病，尤其对因吃鱼蟹而中毒的患者有非常好的疗效。

五、发明青苔膏

相传，华佗的许多灵感来自大自然。这是神医华佗区别于一般医生的"神奇"之处。

有一天，有一位采桑的村姑因为误碰了大黄蜂的蜂巢，不小心激怒了蜂群，大黄蜂对村姑发起了进攻，村姑的头上、手上等多处被蜇。不久，她的头部、手上慢慢红肿起来，肿胀面积不断变大。由于黄蜂含毒较多，受蜇面积又大，姑娘疼痛难忍。在病情十分严重的情况之下，她抱着一线希望向神医华佗求治。

可是，华佗也没办法。仔细查看之后，他愧疚地对姑娘说："您是中了蜂毒，实在对不起，我还没找到治蜂毒之药啊。"采桑女十分失望，痛苦地回去了。

望着姑娘离去的背影，再想起姑娘那失望痛苦的眼神，华佗的心里不是滋味。

可神医也是人啊！并不是所有的病他都能治。

从此，华佗心里总是装着这个村姑，念念不忘治疗蜂毒的问题。他经常在上山采药时仔细察看黄蜂的生活状况，终于，他有了突破。

有一天，他看到一只大蜘蛛在茅屋边织了一张网，一只黄蜂被蜘蛛网给网住了，虽然拼命挣扎，但还是难以逃脱。蜘蛛看到黄蜂之后，迅速地爬过去，正想美食一顿，谁知黄蜂见蜘蛛一张嘴，要靠近，朝着蜘蛛肚子狠狠地刺了一下。蜘蛛顿觉疼痛难忍，身子蜷缩，"扑"的一声，掉在地上。被刺的蜘蛛，在地上颤抖了一阵后，便慢慢地朝长有青苔的墙脚爬去，将身体紧挨着青苔，徐徐擦动。擦了不多时，蜘蛛似乎减轻了疼痛，慢慢恢复了行动能力，又朝蜘蛛网上爬去，决心要吃掉被网住的黄蜂。

可是黄蜂虽然已被蛛丝网住，因为它体大力强，几经搏斗，蜘蛛又被刺中，再一次跌倒在地下。又休息了一阵后，蜘蛛再度爬向青苔去摩擦身体，不久又恢复了常态，继续与黄蜂搏斗。如此多次，黄蜂终因蜂毒散尽，身体疲惫而被蜘蛛吮食了。

华佗在旁边仔细观察了这场搏斗的经过，心里琢磨着：这青苔为何能解救蜘蛛身上的蜂毒呢？他带了一些回去，做进一步的研究。

就在回家的路上，华佗正好遇到了那位中蜂毒的村姑。村姑对华佗笑着说："先生您不认识我了吧？上次我被黄蜂刺了，请您治过……"

华佗心中好生诧异。当时这姑娘被蜂刺后头大如斗，满面浮肿，而现在居然平安无事，已经恢复到与常人一样了。

于是，华佗躬身施礼向村姑请教道："不知您是用何药治好的呢？"村姑说："我从您家回去时，心情悲痛，疼痛难忍，又头晕目眩，无奈之下，在河埠头坐了下来，用清水淋淋头，又随手把长在埠头石板上的青苔，抓了一些擦疼痛之处，岂知擦过之后，疼痛减轻了，我又继续涂擦，如此多次之后，居然痛消肿退了。我第二天、第三天继续用青苔涂擦，就自然地好了。"

华佗把被黄蜂刺后的蜘蛛用青苔擦治和村姑用青苔擦涂治好蜂蜇的事联系起来，系统性地进行分析思考。他意识到，青苔可能有解蜂毒、消肿、清心的作用。

为了印证自己的想法，华佗决定拿自己做实验。

他让学生吴普去捉几只黄蜂，自己到墙脚挖些青苔。不一会儿，吴普就捉到了一只很大的黄蜂，并叮嘱老师要小心点，不要被黄蜂蜇了。吴普哪里知道华佗让他捉黄蜂的用意啊！华佗笑道："我今天就是想让黄蜂蜇一下，试验一下它的毒性。"随后，华佗伸出手臂。被黄蜂蜇伤后，华佗按事前的安排，让吴普帮他把青苔揉碎，敷在自己的手臂上，果然，肿痛渐渐消失，蜂毒治好了。

华佗大喜，经过多次实验，精心研制，终于用青苔炼膏，研制出能消肿、散毒、活血、利尿的青苔膏。

现代医学家们研究发现，青苔能治蜂毒及其他蚊虫叮咬之毒。中医认为，青苔能温中消谷，强胃气，解蜂毒，止泻痢。《本草纲目》记载，青苔治"心腹大寒，温中消谷，强胃气，止泄痢"。

六、发现曼陀罗

在农村中，有一种被人们当作杂草的植物，在古代人们却对它非常重视，甚至还拿它来制作蒙汗药。据传，华佗在世之时，曾经用它做过麻沸散，这种在农村常见的植物就是曼陀罗。

一日，华佗带着樊阿在河坡上采药，忽然传来"哎哟——哎哟——"的病人呻吟声。医生听到这种声音是特别敏感和重视的。华佗和樊阿连忙顺着声音传来的方向，连走带跑地赶去。

樊阿是先赶到的，见一个年轻人倒在地上，两手捧着肚子，翻来滚去地喊痛。旁边还围着几个人，大概是一起砍柴的樵夫。有的扯自己的衣襟给病人揩额上的汗珠；有的递上竹筒盛的茶水，劝病人喝水；有的张罗着准备把病人送回家去。大家急得团团转。

樊阿上前，先把缩作一团的病人腿拉直，让他仰卧，以便检查，接着叫病人张嘴看舌象。

一个樵夫问："你是医生？"

樊阿点头，继续做着检查。

华佗赶到后，一边听樊阿介绍，一边亲自给病人做检查。他用双手按住病人疼痛的部位，问："痛不痛？"然后他又松手问："痛不痛？"再按下，再松开，他注视着病人的反应。他又抚摸着病人稀疏的头发和眉毛，并且问：

"刚才吐过没有？"

"吐——过。"病人艰难地回答着。

面对病人痛苦的样子，华佗无不感慨地对樊阿说："说起来惭愧啊，我们的祖先早在一千年前就已经把外科的毛病分为'肿疡'（未溃烂的创伤）、'溃疡'（已溃烂的创伤）、'金疡'（刀枪所致创伤）、'折伤'（骨折）等类型，对于体表的溃烂已经能够治疗了。但是，体内的创伤很难治。而且治疗的时候病人往往痛苦不堪，真的没有什么办法吗？"

"我们一定要制造出新的止痛药。"樊阿坚定地回答道。

从此，华佗师徒二人到处搜寻止痛药物。《神农本草经》和历代药书上提到过的止痛药，他们千方百计地找来，试验、比较各种止痛药的长处和短处，准备制造适合外科治疗的麻醉止痛药。

一天，华佗他们还没有出门，有位樵夫模样的人一瘸一拐地走来。

走近了，樵夫撩起裤腿，解开绑扎，露出血肉模糊的伤口。

华佗见病人行走不便，忙说："老乡，快坐下！"他关切地问："伤口这么大！怎么伤的？"

"砍柴伤的。今天赶了个早，想多砍点，不当心伤了自己。头天晚上磨过的柴刀，所以更加厉害。唉，本来想多砍点柴，多挣些钱，哪里想到真晦气！"

华佗一面帮樵夫解开包扎，准备清洁创口，一面钦佩地说："你真坚强、真耐痛！伤得这么厉害，要是我可能就走不了路啦！"包扎解开了，创口上尽是些碎叶类的乱七八糟的东西，华佗带着几分责备的口气说："你从前大概找方士看过病，学到了他们那套方法，找不到香灰，就抓了些烂叶子撒上了。不过没有用泥土代替香灰总算还好，否则给我添的麻烦就更大了。"

樵夫摇摇头，表示不是从方士那里学来的法子，他说："当时又疼又出血，我就随手从旁边抓了几片叶子，搓碎了敷在伤口上，想止住血。果然，过了一会儿，血就不往外流了，痛也渐渐减轻了。我想到之前看您外出采药，你们那背篓里有根茎也有花叶，心想说不定我运气好，抓到的这种叶子是一种药！想到这里，我还留了几片放在口袋里，准备半路上要是再出血或者痛得厉害时就用上。"

这是一种能止痛的叶子？还是自己过去未采过的新品种？华佗急切地想知道这叶子是什么，便催促樵夫道："快把你没有搓碎的叶子拿出来给我看看！"

樵夫从口袋里掏出一把叶子，中间还夹着一朵花。

"这东西叫什么名字？"华佗似乎见过，但并没有把它当作药采回用过。

樵夫当时也还不知是什么。他仔细摊开看了看，想了想，说："这好像……是一些老人提过的曼陀罗。有的老人咳嗽的时候，就用晒干的曼陀罗花当烟吸，吸了咳嗽就会减轻。不过不能多吸，吸多了要昏过去。"

"昏过去要吸多少，多长时间能醒过来？"

华佗问的这些，樵夫从前也没有想过，他根本回答不上来。不过，他很快补充道："两年前，也是这个季节，我有个伙计，在泰山砍柴时，偶然发现了一种红色的草果子，他吃了这种果子，昏睡了一天一夜。后来大家才知道，他吃的就是这曼陀罗结的果子。"

"这……这太好了！"华佗显出非常兴奋的样子。

樊阿问："这是不是药？《本草》上有没有记载过啊？"

"《本草》也不能把世上所有的药收尽，历代修《本草》都有新的品种增加进去。发现一种新药就跟治好一种病一样有意义！"华佗回答道。

华佗一边说话，一边给樵夫治伤。

什么是曼陀罗呢？曼陀罗是一种茄科曼陀罗属植物，喜温暖、向阳及排水良好的砂质土壤，一般高度从50厘米到1.5米不等。曼陀罗的茎特别粗壮，形状类似圆柱形，且颜色各异，有的是绿色，有的是紫色。它的叶子顶端很尖锐，拿着轻轻地扎人的话，会有一点疼痛感。叶子的基部基本都是不对称的，叶子边缘还会有类似波浪纹的裂痕，有的叶子边缘的波痕也非常尖锐，犹如被人类牙齿咬过那样，不是很整齐。

曼陀罗的花朵处在树杈和叶腋的位置，并且花冠特别修长，长得像是漏斗的形状，在曼陀罗没有开花的时候，它是卷起来的。

曼陀罗花朵的方向也不统一，有的开花会向下开，有的则向上开花，并且颜色各异，红色、黄色、白色的都有，花期一般在6月份到10月份左右。

曼陀罗的果实是椭圆的，带有坚硬的刺，在它的果实成熟之后，会裂开，暴露出种子，它的种子不能乱碰，不小心甚至会要命。

曼陀罗有剧毒，浑身都带有毒素，特别是种子，其毒性最为强大。

曼陀罗嫩叶的毒素虽然比种子小一点，但毒性也是很强的，所以也不能轻易触碰。曼陀罗的叶子就算晒干了也会带有毒性，尽管晒干的叶子毒性比嫩叶要弱。

然而，曼陀罗的毒性，若用在医学上，也能发挥一定作用。

据说，华佗在曼陀罗的基础上，又加了几味中草药，从而发明了麻沸散，大大提高了外科手术的技术和疗效。

七、发现"芍药""华佗草"

东汉末年，战争和疫病肆虐，导致药物的使用量剧增，然而草药的野外采集量有限，普通的老百姓根本就没有药物可以使用。

于是，华佗尝试把野外采集的药材种植在荒芜的土地上，开辟了第一块药圃。他在其后宅辟药园、凿药池、建药房、种药草，尝试种植野外采集的药材，并广为传授种植、加工中药材的技术。如此，中药材的产量逐渐增加。

每味药，华佗都要弄清药性后，才用到病人身上。

相传，一天，有位客人来访，知道华佗爱种药草，就送了他一棵从山上挖的芍药，并说："人家都说芍药可以治病，不知真假。"

华佗尝了这棵芍药的叶、茎、花之后，觉得平平常常，没有什么药性，就把它种在了屋前，并没把它当作治病药草。

华佗采药图（亳州中医文化博物馆）

在一个深夜，华佗正在研读医书，突然听到窗外有女子的啼哭声，出去看时，不见人影，只见到门前的那棵芍药。他转身返屋，又闻女子哭声，出门再看，依然如故，唯有那株亭亭玉立的芍药花伫立在那里。感到奇怪的华佗唤醒了熟睡中的妻子，把刚才的事情讲给她听。

妻子听后，对华佗说："这不是花神托梦吗？"

妻子望着窗外的花木药草说:"这里的一草一木,到你手里都成了良药,被你用来救活了无数病人的生命,独有这株芍药被冷落在一旁。想来你是没有查清它的用处,它自然感到委屈了。"

华佗听罢笑道:"我尝尽了百草,药性无不辨得一清二楚,该用什么就用什么,没有错过一回。对这芍药,我也多次品尝过它的花、叶、茎,确实不能入药,怎么能说是委屈了它呢?"

闻此言,妻子也不与他争辩。

事有凑巧,过了几天,妻子血崩腹痛,用药无效。她瞒着丈夫,挖起那棵芍药,把根煎水喝了。不过半日,腹痛渐止。

妻子把此事告诉了华佗。华佗心想:难道我真的委屈了芍药?后来华佗对芍药做了细致实验,发现有的芍药不单可以止血、活血,而且有镇痛、滋补、调经的效果。

比如,芍药中有一种叫白芍,具有养血柔肝、缓中止痛、敛阴收汗的作用,能治胸腹胁肋疼痛、泻痢腹痛、自汗盗汗、阴虚发热、月经不调、崩漏、带下。《日华子》说白芍"治风补劳,主女人一切病,并产前后诸疾,通月水,退热除烦,益气"。

华佗对各种花花草草非常喜爱,当然了,这种喜爱并不是对其外表的喜爱,更多的是对它们药效的好奇。

相传,很小的时候,华佗就喜欢把小朋友们叫过来,自己当医生,给他们制作草药和各种药膏。稍微年长后,华佗便开始在各处游学,增添自己的医学造诣。

"华佗草"是一种野生草本植物,据说它也是华佗发现的一种草药,直到现在"华佗草"还是中医临床的常用药,它能活血化瘀,也能清热化痰,其药用功效特别出色。

"华佗草"不仅能提供丰富的营养,促进身体新陈代谢,还能调节人体免疫系统,提高人体免疫功能,增强人体抗病毒能力。华佗草在医学上有清热解毒、利尿消肿、润肺止咳、消炎抗菌、抗过敏等多重功效,但它也有一定毒性,不能随便食用。

八、发现三月茵陈

相传,三国时期,廪丘东北方向有一村庄名叫殷家庄,村内有一陈姓孤寡老太太。

有一天,老太太觉得四肢无力,饮食无味。由于家里贫穷,又无儿无女,她没有把病当回事儿。

可是,过了一个月左右,她就变得面色蜡黄,干瘦如柴,街坊邻居都劝说她尽快外出求医。她找了好几个大夫,吃了几十剂药也不见好转。有个大夫对她说:"你所得的病,无良药可治,除非遇上神医华佗。"

说来凑巧,华佗云游四方,有一日到了廪丘。陈老太太听说华佗来了,便拄着拐杖,一步一哼地来找华佗:"先生,请你给我治治病吧。"

华佗见病人得的是黄疸病,皱着眉摇了摇头说:"眼下还没有找到治这种病的办法,我也无能为力啊!"

陈老太太见神医华佗也不能治她的病,只好心灰意冷地回家等死了。

半年后,华佗又碰见了陈老太太,谁也料想不到,她不但没有死,反而满面红光、身强体壮。华佗大吃一惊,急忙问道:

"老太太,你这个病是哪位先生治好的?快告诉我,我一定去拜访他。"

陈老太太回答说:"我没有请先生看病,病是自己好的。"华佗不信:"哪有这种事!你准是吃过什么药吧?"

"药也没有吃过。"

"这就怪了!"华佗百思不得其解。

"哦,因为春荒没有粮食,我吃了一段时间的野草。"老太太回答。

"这就对了,草就是药,药就是草。你吃了多少天?"

"一个多月。"

"吃的是什么草啊?"

"我也说不清楚。"

"你领我看看去。"

"好吧。"他们走到土坡上,陈老太太指着一片野草说,"就是这个。"

华佗一看,说道:"这不是到处可见的白蒿吗?难道能治黄疸病?弄点回去试试看。"

于是,华佗就用白蒿试着给黄疸病人熬药治病,但连试了几次,病人丝毫不见好转。华佗还以为是陈老太太认错了草,便又亲自找到她,仔细询问:

"你真是吃这些白蒿吃好的?"

"没错。"

"你吃的是几月里的白蒿?"华佗想了想又问。

"三月里的。"

"怪不得,阳春三月的时候阳气上升,百草发芽。也许三月里的白蒿才有药力。"

第二年开春，华佗采了许多三月间的白蒿，试着给患黄疸病的人煎服。这一次有效果了，治一个，好一个。但过了春天这个时节，再采的白蒿就不能治黄疸病了。

为了把白蒿的药性掌握得更加准确，等到第二年，华佗再一次做了实验，他逐月把白蒿采来，又分别按根、茎、叶放好，然后分别给病人服用。

结果华佗有了新的发现，只有幼嫩的茎叶可以入药治黄疸病，白蒿的其他部位几乎没有疗效。

后来，这种能治疗黄疸的草药被定名为"茵陈"，又叫"茵陈蒿"。

相传，华佗还编了四句话留给后人："三月茵陈四月蒿，传与后人要记牢：三月茵陈能治病，四月青蒿当柴烧。"这是提醒人们注意茵陈的采摘时间。

茵陈，又称绵茵陈，为菊科多年生草本植物滨蒿的幼苗，我国大部分地区有分布，每年春季幼苗高约三寸左右时采收，可入药，以质嫩、绵软、灰绿色、香气浓者为佳。

中医认为，茵陈味苦，性微寒，入脾、胃、肝、胆经，有清热利湿、利胆退黄之功，为中医临床常用的药物。《本草纲目》说它"主治风湿寒热邪气，热结黄疸"。现代药理研究也表明茵陈确实对肝脏有保护作用。

九、"乌鸡白凤丸""打老儿丸"

相传,乌鸡白凤丸的由来与华佗有关。

华佗年轻时,正在学习医术,母亲突然生了重病。母亲拉着华佗的手,泪流满面地说:"儿啊!你能学到治病本事,为贫苦人治好病,为娘的在九泉之下也就瞑目了。现在我已年老,又病成这个样子,你也不要太难过,你能好好的,娘就安心了。"

华佗听后,很是伤心。自己就是医生,却治不了与自己相依为命、含辛茹苦的老母亲啊!

华佗含着眼泪,把母亲的病仔细诊察了一遍,只觉得母亲脉搏沉迟无力,生命危在旦夕,他立即用人参煎汤给母亲喝。喝了人参汤,母亲略有好转,可一停药,病又加重了。见此情形,华佗沉重地对母亲说:"娘,孩儿不能尽孝,心里实在难过。先请堂兄送您回老家,带点药路上吃,儿子把几个病人安排一下,随后即回。"母亲有气无力地说:"我也知道自己不行了,如果死在外面会难为你。你快把病人安排安排,不要耽误了人家的病,这是做医生的道德。"

华佗叫来堂兄,悄悄嘱咐道:"兄长,我母亲病情危重,六脉欲绝,估计不出三天将要去世,请你路上小心照顾,我已准备好人参汤和急救药,路上代茶饮用,以防中途去世,我随后赶到。"

华佗含泪送母亲回老家后,急忙把尚未治愈的病人一一安排停当,第二天一早就往回赶。

一天以后,华佗到了家,推门一看,母亲不但没死,反而能坐起说话，华佗惊喜万分，心中却又犯嘀咕：这是怎么回事？难道我诊断有误？他随即问堂兄："你在路上给我母亲吃了些什么？"

堂兄想了一会儿说："在回来的那天晚上，我们住在一个小庄上，婶娘想喝口鸡汤，全村九户人家，喂的都是母鸡，都舍不得卖。只有一家喂了一只公鸡，商量了半天，才把这只公鸡买来，借个锅熬了些汤，我把带来的人参汤和急救药放在鸡汤里，煮了煮让老人喝了一碗，她感觉很舒服，半夜又喝了一碗，第二天早上，老人把剩下的也喝了。回到家后，老人感到病好多了。"

华佗又问："你买的鸡是什么样的？"

"白毛、凤头，皮肉都是黑的。"

华佗听罢，心想：白毛、黑皮、黑肉，头上羽毛如凤！难道是它起的作用？华佗立即记下，上街买了一只白毛黑皮的凤头鸡，按原法煮给母亲喝。不久，母亲的病情逐渐好转了。

后来，华佗又用同样的方法，治好了许多有同样病症的人。

之后，民间也开始用乌鸡配合其他一些滋补药品，制成丸药，治疗妇女病，此丸药就是"乌鸡白凤丸"。

打老儿丸是一种中医方剂，这个名字背后有一个离奇的故事。它与华佗有点关系。

相传，很久以前，有一个年轻女子手持木棍，在路上追打一个须发皆白的老头子。

过路的人见了无不愤慨。论相貌，那女子无疑是老者的晚辈；即使是夫妻，年轻妻子在路上追打老年丈夫也有点过分。于是，路人对那年轻女子群起而攻之。谁知那年轻女子一席话，将过路的人惊得个个目瞪口呆。原来，被追打的老者，既不是"年轻女子"的丈夫，更不是她的长辈，而是她的儿子，所谓"年轻女子"，实际已百余岁。因长年服用家传秘方配制而成的一种药丸，所以她虽已百余岁，仍然身轻如燕，而她的儿子拒服她配制的药丸，结果70多岁就须发皆白，老态龙钟。

听到这里，路人无不惊诧万分，将"年轻女子"奉为神仙，纷纷请求赐予药丸，"年轻女子"也毫不吝啬，将家传秘方一一告于众人。众人将这种药丸命名为"神仙训老丸"。

至汉代，华佗嫌该药尚有缺陷，便在原来配方的基础上增减了几味药物，突出了该药壮阳滋阴的作用，并改名叫"仙姑打老儿丸"。

十、华佗故里草药香

"壮哉药都，中华独步。传扬古今养生妙法，集散天下医药仙方，倾力打造'世界中医药之都'，一心谋求天下老百姓安康……天下药材，四海药商，神医感召，咸聚药乡。医药文化，绵千秋而弥烈；华祖圣德，历万世而荣煌。励今追古，告慰华祖英灵；正本清源，播撒医药芬芳。"

这是2021年华佗诞辰祭祀典礼祭文所述。

亳州是华佗故里、中华药都，是中医药文化发源地之一。华佗与亳州有着很深的历史渊源。

亳州人对神医华佗的敬仰和喜爱表现在方方面面。在亳州市第四批非物质文化遗产名录中，"华佗传说故事"占据了一席之地。

华佗的传说故事数量多，传播范围广，具有浓郁的地域印记。据说，全国流传的关于华佗的故事约160个，亳州就有40多个，同一个故事在不同的地方还有不同的版本。

如今,作为"华佗故里",亳州大地处处充满药香。

亳州与河北安国、河南禹州、江西樟树并称"四大药都"。自华佗辟药圃、凿药池、建药房、种草药以来,亳州有1800多年种植草药的历史,历久不衰。

亳州之所以有这么多药材,相传与华佗有关。

华佗精研岐黄,他在家乡开辟药园,种药草。许多药材品种都是他从数百里乃至数千里的地方带回来的。经过反复研究和试验,弄明白药理和功效后,华佗将之分发给乡邻广为种植。随着时间的推移,草药越种越多,形成规模。后来,随着交通条件的改善,药材生意也就兴隆起来,药材贸易市场越来越大。

明清时期,这里商贾云集,会馆林立,当时的店、商、号、栈等鳞次栉比,仅各地会馆就达30余家,经营的药材有"川、广、云、贵、浙、西、北、怀、山、土"多种,贵如"犀角山参",便宜如"菟丝枯草"。按照人们的说法,亳州药市上有名的药有,无名的药也有,是全国最大的中药材集散地,有着"药不到亳州不香,药不到亳州不齐,药不到亳州不灵"之说。

民国初期,亳州药材贸易出现新的特点,资本雄厚的中药公司有20多家,其中"德泰""保全""吉胜祥"等公司,每年营业额达30万元(银圆)。

在《中华人民共和国药典》上被冠以"亳"字的药材就有亳芍、亳菊、亳桑皮、亳花粉4种。安徽的四大名药亳州就占了两种,其白芍、菊花、紫菀、花粉、桑皮驰名中外。菊花是安徽四大名药之一,名扬海内外。亳州一带种植菊花历史悠久,数量多,质量优,因此被誉为"亳菊",在当地药材中占有重要地位。亳州最为出名的药材就是"亳菊"。另外,据咸丰时期《亳州志》记载,亳州出产50余种药材,其中尤以亳白芍产量最大。白芍主要产于亳州的涡河两岸。亳州栽培芍药历史悠久,《诗经》记载亳州地区男女定亲时会互赠当地的芍药花作为信物。三国时期,魏文帝曹丕在《皇览》一书中就有亳州种植芍药的专门论述。清代诗人刘开在路过亳州时赋诗:"小黄城外芍药花,十里五里生朝霞。花前花后皆人家,家家种花如桑麻。"诗中的小黄城就是现在的亳州市。

亳菊(罗元生摄于2023年9月9日)

1949年后,特别是改革开放以来,亳州中药产业发展迎来了最好的时机。"十三五"以来,党中央、国务院出台了《关于促进中医药传承创新发展的意见》;中医药领域第一部基础性、综合性法律《中华人民共和国中医药法》正式施行,国务院印发《中医药发展战略规划纲要(2016—2030年)》,中医药迎来了加快发展、全面发展的重大历史机遇。

亳州坚持"以药立市",截至2021年年底,亳州市中药材种植面积在120万亩左右，品种超过400种，现代中医药产业产值达1446亿元，形成了涵盖中药材种植、中药饮片加工、中成药制造、中药颗粒剂生产、中药流通、中药科研和中药文化传播等的全产业链体系，已成为全球最大的中药材交易中心和全国最大的中药饮片、中药提取物、中药保健饮品生产基地。中医药产业成为亳州的特色产业资源，成为这座千年古城的城市名片与品牌形象。

同时，亳州围绕华佗、中医药文化、中医药养生，大力发展健康文化旅游产业，是首批国家中医药健康旅游示范区建设单位，近几十年来，几乎每年都举办国际（亳州）中医药博览会暨全国（亳州）中药材交易会，影响力日益提升。

2023年9月9日上午，2023国际（亳州）中医药博览会暨第39届全国（亳州）中药材交易会在亳州市体育馆开幕。开幕式上，亳州市委常委、常务副市长左龙为国医大师徐经世①颁授"华佗医家"牌匾等。

2023年国际（亳州）中医药博览会（罗元生摄于2023年9月9日）

---

① 徐经世，1933年1月生，安徽巢湖人，中医学专家，中国中医科学院学部委员，国医大师，安徽中医药大学第一附属医院主任医师、教授、博士后导师。徐经世长期从事中医内科，研究、治疗工作。

国医大师徐经世（罗元生摄于2023年9月9日）

承继着华佗福泽，华佗家乡人民真正发扬光大了中药材种植和中医药文化。中华药都焕发新生，蒸蒸日上。中药材成为亳州经济支柱产业之一，为推动当地经济高质量发展做出了巨大贡献。

第四篇 仁医之养

华佗不仅是著名的医学大家,而且是著名的养生宗师。他一生热爱体育锻炼,通晓许多养生术。他总结归纳出了一套以模仿动物动作为基础的导引法,被称为"五禽戏",又称"华佗五禽戏"。"华佗五禽戏"反映了我国人民对于健身文化的继承与创新,体现了我国传统文化中天人合一、自然朴素的哲学观念,丰富发展了中医理论及中医养生学说。

一、"五禽戏"的灵感来源

在运动养生方面,华佗对后世影响最为深远的就是创制了华佗五禽戏。发明"五禽戏",华佗的灵感来自大自然。

据说,华佗在出诊和采药的途中,很喜欢欣赏自然风光,尤其对飞禽走兽感兴趣。他经常凝视天空中飞翔的鸟雀、地上奔跑跳跃的鹿马、水中嬉戏的游鱼。这些生动活泼的情景,总令他看得出神。

一天,华佗看到一只雄鹰在碧空翱翔,时而鼓动着翅膀,时而平展双翼,仰飞俯冲,盘旋上下,非常自如。他一边看,一边比画,望着望着,不禁手舞足蹈起来。

他两手平展,腰往前倾,右脚独立,左腿后伸,好像在学习老鹰飞翔的样子。看到鹿马的奔跑蹦跳,他也跟着跳跃起来。他模仿着这些动物的动作,想琢磨出一套锻炼身体的体操。

其实,我们的祖先很早就曾做过模仿动物的尝试。

大约在春秋战国时代,已出现了"二禽戏",模仿熊和鸟的活动姿态。到了西汉初年,又有了"三禽戏",模仿鸟、熊、猿的动作。在长沙马王堆三号汉墓出土的《导引图》中,就有好几个"三禽戏"图案。西汉刘安等人编的《淮南子》一书里,还记载了"六禽戏",除了上面所说的三种动物之外,又吸收了凫、鸱、虎等的动作特征。到了东汉时期,华佗在总结前人经验和直接观察的基础上,将历代的"禽戏"加以整理提高,成功地创造了著名的"五禽戏"。

五禽戏，是模仿虎、鹿、熊、猿、鸟（鹤）的动作以保健强身的运动方法，其名首见于《后汉书·方技传》。华佗说："吾有一术，名五禽之戏：一曰虎，二曰鹿，三曰熊，四曰猿，五曰鸟。亦以除疾，并利蹄足，以当导引。体中不快，起作一禽之戏，沾濡汗出，因上著粉，身体轻便，腹中欲食。"

五禽戏的养生思想来源于天人合一的大自然整体观念。

在原始社会，由于生存艰难，人与动物为食相争，先民感到自然强大，敬其力量，悟其规律，观鸟兽虫鱼，察日月星辰，道法自然，于是出现了仿生类的操舞。由于人们发现，一些动物有神奇的生存能力，产生了羡慕向往之情，因此有了效仿动物的动机。特别是他们发现，通过模仿、练习动物的动作，能使身体趋向强壮、灵活，对大自然的敬畏和依赖变得更深。

这就是"导引法"（也称"导引术"）的最初雏形。

人在大自然中生存，由大自然赋予生存的物质基础，对自然产生崇拜是必然的，会深刻地感到人与自然的统一，感到人与自然和谐相处的重要性。奠定中医学理论基础的《黄帝内经》就是一本阐述天人合一思想的经典著作，作为中医巨匠的华佗自然也深受这个思想的熏陶，他所创造的五禽戏是中医天人合一思想的代表。

"五禽戏"就是模仿五种禽兽的动作姿态所编的体操。这些动物的运动方式各有特点：老虎善于抓扑，尤其在捕食其他动物时，腾空跃起，迅猛异常；鹿喜欢顾盼翘首，跑起来轻灵舒松；熊攀树时自动悬挂，像打秋千一般；猿猴最善于攀缘跳跃，动作机警灵活。

华佗把这些动物的动作特点吸收到"五禽戏"中，每天操练。

每当他感到疲劳不舒服的时候，就起来模仿某种动物的动作，进行锻炼。等到痛快淋漓地出上一身汗，再将汗水擦干，休息片刻。这样，他感到轻松愉快，吃起饭来也觉得甜香甘美，津津有味。

华佗的养生思想在《三国志·华佗传》中得到了阐述，他认为人体需要适度的劳动，但不应过度，以避免过度消耗体力，引发病症；适度的运动可以促进体内气血畅通，增强机体的抵抗力，从而预防疾病。

人的生命在于运动。应该说，华佗是较早认识到运动与人类健康有重要关系的民间医者。据说，他的学生吴普就是一个体育运动爱好者，由于长期跟随老师操练"五禽戏"，不仅长寿，而且"耳目聪明，齿牙完坚"。

华佗对学生吴普说过："人体欲得劳动，但不当使极尔，动摇则谷气得消，血脉流通，病不得生，譬犹户枢终不朽也。"意思是说：人一定要参加生产劳动和体育运动，只是不要过于劳累罢了。人经常活动，就能加快食物的消化，使血液循环畅通无阻，因而不会生病，好像门的枢轴（门斗）经常开关转动，就不会朽坏一样。

适度运动有利健康，这一点古今中外的医学家都十分认可。我国唐代大医学家孙思邈，年轻时体弱多病，后来坚持早起和饭后散步，加上常练气功，健康地活了很久。古罗马的著名医生加伦也曾说过："体操是天然的医生。"华佗每天早起晚睡，接待川流不息的病人，有时半夜三更还得出门为人看病，可谓忙得不可开交。尽管休息时间很少，但华佗的身体却始终很健康，直到晚年还容光焕发，精神抖擞。他的身体为什么这么好？恐怕不是因为生活优裕，营养丰富，也不是因为吃了什么灵丹妙药，而是由于长期坚持体育锻炼。

华佗关于体育运动可以"除疾"和使人"难老"的说法，是很有科学道理的。他的养生学说是建立在"生命在于运动"的基础上的，矫正了往昔单纯治疗的观点，也否定了秦汉时期逐渐风行的服用丹药以求长生不老的做法，开创了我国医疗体育的先例。

汉末，刀兵四起，战火连年，加上瘟疫横行，人民流离失所，贫病交加，朝不保夕，华佗恻隐感怀。在这样的情况下，五禽戏的发明和推广，可谓是及时雨，对保障广大百姓的健康意义重大。

二、"五禽戏"的运动特征

从中医的角度看，虎、鹿、熊、猿、鹤五种动物分属于金木水火土五行，又对应于心肝脾肺肾五藏。人们模仿这些动物的姿态运动，正是间接地起到了锻炼脏腑的作用，所谓"超以象外，得其寰中"。

这五种动物的生活习性不同，活动的方式也各有特点，或雄劲豪迈，或轻捷灵敏，或沉稳厚重，或变幻无端，或独立高飞。模仿这些动物的各种姿态，可以使全身的各个关节、肌肉都得到锻炼，正如华佗所说："是以古之仙者为导引之事，熊经鸱顾，引挽腰体，动诸关节，以求难老。"也就是说，五禽戏的作用原理，是通过肢体的运动以促进气血流通，祛病长生。

"猿戏"动作说明图(亳州中医文化博物馆)

第一,五禽戏能够锻炼腰部。人的肢体活动,以腰为中轴,任何用力气的劳动,如扛、抬、推、拉,都得腰部用力。即使是手提、脚蹬的工作,腰间无力也是不能胜任的。可见腰对于人的劳动能力起着重要作用。有人讲"命意源头在腰膝",虽说夸大了腰的作用,但腰部确实是人体力量的源泉。五禽戏主张"形于四肢,主宰于腰"。这种说法很合乎力学原理。

五禽戏主要是通过松腰、直腰、偏弯、侧弯、扭腰,来进行腰部锻炼。整套五禽戏,虽说要做许多肢体动作,但自始至终要求全身放松,不要使劲,腰部放松尤为重要。当然,放松只是相对而言,要完成一定的动作,摆出一个姿势,身体各部位必然有松有紧。

第二,五禽戏能够锻炼背部。胸背部由后背的胸椎、前胸的胸骨及肋骨构成,保护着心肺等内脏器官。胸椎下部直接连着腰椎,所以腰部运动也能连带胸背部锻炼。同时,胸背部又紧密地和肩连接着。肩是上肢的重要关节。三角肌把上臂肩胛骨和锁骨连接在一起,背阔肌把胸椎、腰椎和肋骨连接在一起,胸大肌又把肋骨、胸骨和锁骨连接起来。所以做臂部活动时，胸背部也能跟着运动。

胸椎由十二块椎骨连接而成，胸是由胸骨连接肋骨构成。每条肋骨之间，由肋间肌连接。肋间肌（和膈肌）是呼吸肌，它们伸展、收缩，改变胸廓的大小，使肺部进空气。因此，胸背部运动不仅能锻炼胸背部骨骼、肌肉，而且能锻炼呼吸功能。

利用五禽戏锻炼胸背部时，不但要求含胸拔背，做脊柱收缩和伸展的活动，有时还要做扩胸、挺背（降低胸椎的后凸度），以及侧弯、偏弯、螺旋式旋转等活动。

第三，五禽戏能够锻炼头颈部。五禽戏对头颈部的基本要求是头正颈直，即下颌微收，百会朝天，保持松静状态。头不能侧歪或过分前俯后仰。以五禽戏锻炼头颈部，能够提高大脑系统的灵活性，提高其协调指挥整个肢体活动的能力。颈椎的屈伸旋转，直接作用于颈部肌肉、关节，对防治颈椎病、气管病具有明显效果。

第四，五禽戏能够锻炼四肢。人的上肢包括肩胛骨、锁骨、肋骨、尺骨、桡骨和手骨，有肩、肘、腕主要关节，其中以肩关节最为重要。下肢有髋骨、股骨、小腿骨、髌骨和足骨，包括髋、膝、踝这些重要关节。手三阴经、手三阳经和足三阴经、足三阳经分别通过上下肢而达脏腑。

四肢是人体经常活动的部位，但是由于日常生活和劳动中所动用的肌肉、关节有一定的局限，就必然出现身体各部位劳逸不均或过劳过逸的现象，导致功能障碍。四肢运动有利于疏通经脉，改善血液循环，强壮肌肉筋骨，滑利关节。五禽戏的每一节都含有四肢运动，全面而周到，涵盖了日常生活中活动不到的部位和不常见的活动方式。上肢有各种屈、伸、收、展、旋转等，如两臂的前后环转（上山虎、回头虎、摇臂熊），外旋内旋（旋飞鹤、献果猿），前下举和侧平举（双臂猿、平飞鹤）。肘、腕的屈伸运动更是普遍存在，而且方式变幻多端，特别是臂部的回旋转动，如仰脖鹿、缩脖鹿，都有翻掌转腕，五指顺鼻而下，整个臂部做回旋式转动的动作，肘、腕、掌、指关节都得到锻炼。像这样需要翻掌转臂的还有斜飞鹤、下山虎等。下肢运动，主要体现在各种步法及其变幻中。无论哪种步法，都对髋、膝、踝三个主要关节起着锻炼的作用。步法不同，方式又各不一样。长跑鹿和翔飞鹤是单腿独立，锻炼腿的支撑力和稳定性。双臂熊的甩胯、曲直步的敛臀，以及马步、歇步锻炼胯和膝关节。伸脚鹿、平飞鹤、旋飞鹤、回头虎等锻炼踝关节。

第五，五禽戏能够锻炼脏腑功能。中医里，五脏包括心、肝、脾、肺、肾，六腑包括胆、胃、小肠、大肠、膀胱、三焦。五禽戏活动全面而周到，从四肢百骸到五官九窍，一动而百动，带动脏腑进行活动。五禽戏中，涉及脏腑的活动也是全面的，包括伸展（仰脖鹿、献果猿、旋飞鹤），挤压（缩脖鹿、晃背熊），抻吊（长跑鹿、翔飞鹤），伸压（一侧伸一侧压，有寻食虎、回头虎、双臂熊、摇臂熊、晃背熊、望月猿、伸脚鹿），回旋式扭转（上山虎、寻食虎、回头虎、单臂熊、双臂猿、斜飞鹤）。这些运动，对疏通经络、输布气血、增强肌肉力量、活跃生理机能，均起着良好的作用。

肺要吸入大量的氧气，而五禽戏是在松静自然的前提下进行运动，所以主要不是靠增加呼吸频率，而是靠深呼吸来锻炼呼吸功能。肢体运动和呼吸运动密切配合，可以使胸廓骨骼更加强壮，呼吸肌逐渐强大。呼吸有力，肺活量提高，又进一步使身体更好。

人体所需要的氧气和养料，靠血液循环来输送。心脏是推动血液周流全身的动力器官，要把更多的血液输送出去，它就要加紧工作。长期进行五禽戏锻炼，可以增强心肌功能，使心房、心室的壁不断增厚，心脏容量加大，血管弹性提高，造血器官的功能也会得到加强，从而使心脏搏动有力，射血量增加。人体所需的养料，主要由胃肠摄取。为了补充能量，胃肠也必须提高工作效率。五禽戏特别注意增加腹肌的力量，而腹式深呼吸又能使膈肌的活动幅度加大，对胃、肠、肝等会起到良好的按摩作用，对增进这些器官的功能亦大有助益。

三、"五禽戏"的练习方法

五禽戏现行流派各有不同的风格和特点，有的以模仿五禽动作为主，有的着重练"内"，有的着重练"外"，有的着重练"动"，有的着重练"静"，有的着重练"刚劲"，有的着重练"柔劲"；在锻炼目的上，有的以治病养生为主，有的以强身健体为主。

五禽戏有五种类型的动作，各类的典型动作，一是虎寻食，二是鹿长跑，三是熊撼运，四是猿摘果，五是鹤飞翔。

练五禽戏时要求模仿得逼真，不仅形似，而且神似，如虎的威猛扑动，鹿的伸颈回首，猿的机灵敏捷，熊的深厚沉稳，鸟的展翅翘立。此外，还应逐步做到心静体松，动静相兼，刚柔并济，以意引气，气贯全身，以气养神，精足气通，气足生精。

五禽戏的内容和基本练法如下。[①]

[①] 详见周亚东、李新军：《华佗医学文化研究》，黄山书社，2015，第 197 页；陈永生：《中华五禽戏与印度瑜伽健身术比较研究》，《安阳师范学院学报》，2008 年第 5 期。

1. 熊戏

熊戏要求练出"笨重"之中寓有"轻灵"的动态。练习时要把内劲运用在膀臂上（同时包括肩、肘、手、髋、膝、足），意守中丹田，以加速腹式深呼吸，久练后，有加强脾胃功能和增强体力的作用。熊戏共分五个基本动作，分别是熊步势、撼运势、按运势、抗靠势和推挤势。

熊戏之推挤势

2. 鹤戏

鹤戏要求练出鹤轻翔舒展、安适恬静的神态。练习时气息的升降应柔和细缓，意念活动不能重滞。鹤戏共分五个基本动作，分别是鹤步势、亮翅势、独立势、落雁势和飞翔势。

鹤戏之落雁势

3. 鹿戏

鹿戏要求姿势舒放伸展。练鹿戏时，应意守尾闾，疏导督脉。经常练习鹿戏有舒展筋脉的作用。鹿戏共分五个基本动作，分别是鹿步势、挺身势、探身势、回首势和蹬跳势。

鹿戏之回首势

4.虎戏

虎戏要求刚劲有力、刚中有柔,达到动静相兼、刚柔并济的境地。经常习练虎戏,可添精益髓、强腰健肾。虎戏共分五个基本动作,分别是虎步势、出洞势、发威势、扑按势和搏斗势。

虎戏之搏斗势

猿戏之逃藏势

5.猿戏

猿戏要求外练肢体的灵活,内练精神的宁静,以收到动静兼练的双重效果。猿戏共分五个基本动作,分别是猿步势、窥望势、摘桃势、献果势和逃藏势。

四、"五禽戏"的思想根基

医学的根本问题,或者根本任务,就是研究人体生命活动,预防疾病,增进健康,延长寿命。而这一切,归根到底,要靠科学的保健方法。从这个认知出发,古往今来,诸多医学专家和社会学学者都认为,医学工作者所掌握的一切理论、技术、手段和方法,其第一要义就是养生保健,即预防疾病的发生是第一位的,保持健康是第一性的,而治疗疾病是被动的、第二性的。"不治已病治未病",是中医学千年来不变的真理。

华佗对于养生思想有着独特的见解和贡献。他继承了先秦时期《吕氏春秋》中的动则不衰之说,进一步深化了动形养生的理论,强调适度运动对于保持健康的重要性。这表现在他认为,如果能坚持做"五禽之戏",既可以去病,又能使腿轻足快,整个人生活就会健康快乐。

五禽戏吻合了"长生久视"的道家重生理念。

在我国传统文化中,道家重视养生,在五禽戏中,这种对生命长久的追求,体现为天运五行规律而长存、人集五禽活动精粹而长寿。

华佗五禽戏通过模仿五种动物的捕食、打斗、飞奔和跳跃等动作及其神韵,借以刺激人体的十二脏腑、八器官及它们所连属的经脉,调畅气、津、血、精,调和阴阳,借以拉经伸络、练肌壮骨、柔筋利节,并配合呼吸吐纳、养心调神,以期达到强身健体、益寿延年的效果。正如陶弘景《养性延命录》所说:"夫五禽戏法,任力为之……消谷气,益气力,除百病,能存行之者,必得延年。"

同时,五禽戏也反映了"大无驻观"的传统养生理论。

在练习五禽戏的时候,有很多的伸展性动作,要求尽可能把动作做到最大幅度,或者说接近动作幅度的极限。这种大范围舒展的动作可以使全身气、血、津、精畅通,是谓"大而圆、圆而无、无而通、通而泰"。在大的基础上,还要心无杂念、心情舒缓,要求集中注意力、凝神入静,匀速完成动作,切不可心猿意马、神游万里,以致筋骨瑟缩、形体散败。在五禽戏练习过程中,当动作做到最大幅度时,要稍作停顿,保持片刻,引气归心,协调形神,使外形动静结合,内意行云流水,达到形断神连的效果。五禽戏练习中,切不可上一个动作刚到位,甚至尚未到位,就急于下一个动作,以致气血失于调和。

五禽戏具有健身、哲学、教育、美学和心理学等多重价值[①],深入挖掘五禽戏的养生思想,对于传承与弘扬中华民族传统文化有积极意义。

五、"五禽戏"的文化传承

华佗五禽戏是华佗养生思想的重要成果,是中医药文化不可或缺的组成部分,是中国传统导引养生的一个重要方法,彰显了中国传统文化的特征。五禽戏是以中医理论为核心,以仿生导引术为内容,结合人体脏腑、经络气血创制而成的,具有很深厚的历史文化渊源。

华佗五禽戏源远流长,既是中华民族传统体育中的健身方法,又是一项非物质文化遗产,有其独特的健身养生功效和文化内蕴。

根据文献记载,华佗五禽戏自编创至今,已有1800多年历史,不仅取效于当时,且绵延于后世,至今仍在不断传承发展。

今人能够看到的存世最早的有关五禽戏的文字记载,出自南北朝时期养生学家、医药学家陶弘景所著的《养性延命录》。

《养性延命录》按照虎戏、鹿戏、熊戏、猿戏、鸟戏的顺序具

---

① 何华青:《非物质文化遗产华佗五禽戏的六点特性》,《大众文艺》(学术版),2009年第11期。

体描述了五禽戏的招式动作。例如，对于鸟戏，《养性延命录》记述："鸟戏者，双立手，翘一足，伸两臂，扬眉，用力各二七，坐伸脚，手挽足趾，各上（'上'字疑为'七'字之误），缩伸二臂各七也。"

陶弘景生活的年代在吴普传授华佗五禽戏的二三百年之后，时间间隔不算太过遥远，因此现代体育史研究者大多认为"陶版五禽戏"的动作要领应该比较接近于华佗编创的原版五禽戏。隋唐以后，历代道家养生修炼书籍大都包含五禽戏的介绍文字。

托名"华佗授广陵吴普"著述的《太上老君养生诀》，大约成书于隋唐时期，其中介绍五禽戏招式动作的文字，有几处与《养性延命录》略有差异。北宋张君房主编的道教类书《云笈七签》收录的五禽戏内容，则与《养性延命录》完全相同。

明代刊刻的《卫生真诀》，对五禽戏的传承产生过重要影响。嘉靖四十四年（1565），学者罗洪先辑录的《卫生真诀》（又名《仙传四十九方》）初刊问世。此书包含《五禽图》，首次为五禽戏配上了五幅动作图示。五禽之戏的排列顺序为虎行、熊行、鹿行、猿行、鸟行，与《养性延命录》的记载有所不同，在说明文字中增加了有关行气和具体功效的表述。

明代梅颠道人周履靖编辑的《赤凤髓》刊刻于万历二十五年（1597）。《赤凤髓》涉及五禽戏的部分称为"五禽书"。其中各戏冠以传说人物或神仙之名，依次被命名为羡门虎势戏、庚桑熊势戏、士成绮鹿势戏、费长房猿势戏、亢仓子鸟势戏，同样配有五幅图画。其文字、图画与《卫生真诀》相比，略有出入。

除了以上医学著作对五禽戏的记载，隋唐以降，习练五禽戏者渐渐增多。颇具观赏性、趣味性的五禽戏，也吸引了官员、文人的目光。他们不仅普遍知晓五禽戏,而且不少人习练五禽戏,还有一些人在诗文中描述五禽戏。

随着五禽戏流传和普及范围的扩大,晚唐时期,五禽戏入诗的频次远远超过八段锦、易筋经、太极拳等其他传统健身操,如"海上呼三岛,斋中戏五禽"(李商隐《寄华岳孙逸人》),"所以亲逋客,兼能助五禽"(陆龟蒙《奉和袭美赠魏处士五贶诗·乌龙养和》)。到北宋、南宋时期,诗词作品中包含"五禽""五禽戏"似乎成为一种时尚,如"五禽习戏探仙术,万法观空证佛缘"(宋祁《和待制庞学士寄献宫师相公之作》),"当从华氏学,聊欲为戏禽"(梅尧臣《秋日属疾》),"北堂画五禽,游戏养形躯"(王安石《张氏静居院》),"聊从五禽戏,空使万牛回"(孙觌《宝文李公挽词三首·其二》),"啄吞自笑如孤鹤,导引何妨效五禽"(陆游《春晚二首·其一》),"稍传闭关术,抑按娱五禽"(敖陶孙《次韵盖宰》),"时为五禽戏,闲看六牛图"(林希逸《偶题》)。

清代康熙皇帝曾对臣子们说:"戏五禽而荣昌,祛三虫而轻举。"由于最高统治者的倡导,五禽戏在清代进入宫廷,在民间也大受追捧。这个时期,五禽戏不仅依然频现诗作中,而且被写进了小说中。例如,诗歌中有"学仙拟作五禽戏,弹指刚偿百日灾"(袁枚《病起六首·其五》),"观书眼渐讹三豕,导气身将学五禽"(赵翼《自叹》)。清代文学家蒲松龄在《聊斋志异》中,借小说人物之口称赞五禽戏的养生效果:"世传养生术,汗牛充栋,行而效者谁也?……惟华陀(佗)《五禽图》,差为不妄。凡修炼家,无非欲血气流通耳。若得厄逆症,作虎形立止,非其验耶?"

人们阅读上述这些诗词、小说等文学作品,肯定是学不会五禽戏各种招式动作的。但是,进入文学作品,对五禽戏的流传和普及能发挥积极作用。

十八世纪晚期，五禽戏由法国传教士传入欧洲，在国际上对现代运动医学和康复医学的形成起到了促进作用。后来，五禽戏流传到全球各地，有些地方对之进行了推广和发展。现代医学科学也证实了五禽戏对于肌肉、骨骼、心血管等有一定益处。

华佗所著的《青囊书》这部医书没有传下来，这是中国医学史上的一大憾事。《青囊书》是否包含五禽戏的内容，不得而知。后人看不到华佗本人有关五禽戏动作招式的文字记述和图形描绘。有可能，华佗作为编创者并没有在竹片、木片、布帛等载体上留下五禽戏的原创版本，毕竟在古代，方技往往具有秘传性。

很可能，华佗通过口头讲授、动作示范，面对面地将五禽戏传给了弟子吴普、樊阿（民间传说还传给了家乡亲友）。这种以言传身教为特征的面授示范教学法，在五禽戏的流传过程中发挥了不可替代的作用。由于造纸术、印刷术的发展，十六世纪以后出现了图文并茂的五禽戏图书，但人们依然愿意选择以拜认师傅、聆听面授、观看示范的方式学习五禽戏。图书只是方便了各流派五禽戏套路的规范化和不同流派之间的相互交流。

五禽戏的养生保健效果，首先在按照师傅华佗的传授认真练习的吴普身上得到了充分的体现。据《三国志·魏书·方技传》记载："普施行之，年九十余，耳目聪明，齿牙完坚。"吴普的健身实效，对五禽戏的流传和推广起了积极作用。据传，魏明帝曹叡曾请吴普向宫廷医师等讲授、传习五禽戏。唐代章怀太子李贤等人注《后汉书·方术列传》，对此事做了简略的记录。吴普是名副其实的华佗五禽戏第一代传承人。

吴普之后的一代又一代传承者，自觉或不自觉地在五禽戏的形体动作和表情神态中加入自己的理解、体会、感悟，因而五禽戏在长期的传习过程中形成了招式风格各不相同的诸多流派。其中，亳州派传承历史最久，已经确认了第59代传承人。到现代，亳州派依然以面授教学作为主要传习方式。

五禽戏套路动作融人体运动学、形体美学为一体，仿效虎之威猛、鹿之安舒、熊之沉稳、猿之灵巧、鸟之轻捷，不仅体现了时代特征和科学健身理念，其原理又符合中医基础理论和五禽的秉性特点，配合中医脏腑和经络学说，使每一个术势、套路、动作都具备仿生的神韵与美感。

亳州是华佗的故乡，是五禽戏的发源地，是"中国五禽戏之乡"，华佗五禽戏是安徽省民族传统体育"地方品牌"。

2006年，华佗五禽戏被安徽省人民政府批准为省级非物质文化遗产项目，2011年5月23日，亳州华佗五禽戏经国务院批准列入第三批国家级非物质文化遗产名录，遗产编号Ⅵ-63。

五禽戏历经千年的沧桑巨变，一直延续到今天，为人们的健康和发展做出了重要的贡献。它不仅是中医养生保健的重要内容，更是中国文化中人与自然和谐统一的具体表现。

在当代，华佗五禽戏品牌影响力通过国际赛事、文化交流、影视作品等方式得到进一步提升，五禽戏已经传播到50多个国家和地区。

华佗五禽戏真实反映了我国人民群众健身文化的发展变迁，开创了祛病健身的体育医疗先河，展现了养生哲学和道家文化的深厚审美底蕴，具有重要的历史价值和养生医疗价值，成为中国传统文化宝库中独具特色的养生技艺。

第五篇
良医之殇

"竹帛烟交兮怒火横,儒医长恨兮斥曹营。伤心儿女兮断头夜,不负天下兮负云卿。"相传,生活在那样一个乱世的神医华佗,在普济众生的行医过程中,多次遭遇"小人"暗算,身陷囹圄,为研制麻醉药物,他痛失爱子;晚年时,他遭牢狱之苦,遇灭顶之灾……历史中的华佗究竟怎样而死,已经不再重要,华佗的形象象征着人类追求健康的精神,同时也是人类美好理想的寄托。

一、小人暗算与牢狱之灾

人生如九曲回肠的黄河，永远都充满坎坷曲折。在民间传说中，医术精湛的华佗的人生亦是如此。他一生跌宕起伏，生也为医，死也因医，既有成功的快乐，亦有苦涩的辛酸。

东汉末年，华佗的故乡谯县已是远近闻名的中药材集散地，商店药铺多，各类医生也多。相传，当时，在谯县一带除了华佗，还有一位名气和影响较大的医生，当地人称"刘神针"。

这个刘神针不是一个好人。他五十来岁，个头不高，头发稀少，可脑子好使，为人狡诈，颇有心计。

"刘神针"自称祖传行医，擅长针灸，也通脉理、汤药，医术到底如何，外行也说不准，反正他治好了不少人，也治死了不少人。治好了便是他的功劳，治死了便是病人命中注定。

这个人的医德和人品不好，他处处与华佗作对，甚至想方设法陷害华佗。或许，这应验了"同行是冤家"这句老话。

由于华佗在谯县连续治好了很多被别的医生判了"死刑"的患者，名声大噪，"刘神针"非常不安，觉得华佗抢了他的生意，占了他的上风。所以，他总是想寻找机会，把华佗压下来。

这天，一位年轻武官带着两个士兵来到华佗开的草医堂。那年轻武官一下马，就大声叫喊："有请华先生！"

这威风凛凛的年轻武官叫徐北，是谯县新任县令的儿子。

华佗听到喊声，赶紧出门迎接。见是徐公子，他便施礼，问道:"徐公子,啥事?!"

徐公子阴沉着脸说:"家父病危。先生若速去,尚有一线希望;若延迟时辰,后果不堪设想啊。"

"徐公子,请问令尊什么情况?"华佗关切地询问。

"唉,昨天请来一位名医治家父的胃疼,一针扎下去,家父当场昏迷,嘴脸乌青。"

"名医?敢问这名医何许人也?"

"就是大名鼎鼎的'刘神针'啊。"徐公子说。

华佗为难地说:"这……哦,我知道了。"

徐公子看出了华佗的为难情绪,焦急地说:"华医生,大夫都是以治病救人为宗旨,岂能见死不救啊?"接着,他指指门外一匹备了鞍子的白马:"先生,请!"

华佗不好拒绝,便叫来妻子,向她交代了几件事,然后喊上徒弟樊阿,带上药囊,内里装着急救用的丸散膏丹,立马奔向谯县衙门。

很快,在徐公子一路指引下,华佗和樊阿来到谯县县令的卧榻前。此时,县令正仰卧在床,鼻息甚微,瞳仁光有些散乱,嘴角挂着鲜红的血丝。华佗一望,便知凶多吉少。

华佗马上询问起昨天"刘神针"的诊断、用药、用针情况来。

"家父最近胃里不舒服,昨天请'刘神针'来治,他为我父亲切了脉,开了一剂药,药还没煎服,刘神针说先扎一针。于是,他就在心口下方扎了一针,捻了几下。一会儿,我父亲又是胸闷,又是咳嗽,一夜没能睡。之后人就成这等模样了。唉!听说华先生医术高明,特请华先生诊治。"徐公子认真地告诉华佗说。

"'刘神针'扎在哪里?"华佗追问道。

徐公子用手指着父亲的上腹部说："就是这个地方！"

"噢，胃脘！"华佗一面应答，一面给徐毅切脉、看舌，"胃病针刺胃脘，这是常规做法，没有错呀。"接着，他又让徐县令躺好，揭开他的内衣，做进一步检查。从胸部到腹部，从正面到两侧，华佗仔细地叩击、按揉，认真地观察他的反应。

华佗发现，中脘处有针眼，取穴是准的。华佗心中纳闷：这到底是咋回事呢？

华佗让闲人退下，只留徐公子和樊阿在侧。

华佗垂目观想，沉默了许久，突然想明白了，心里狠狠地骂了一句："庸医杀人！"

原来，"刘神针"不大懂人体五脏六腑的准确位置，他在中脘用针本不为错，但进针太深，又往右偏了点，于是不慎刺坏了县令的肝脏。

"徐公子。"华佗只得如实相告，"不幸啊！误针了。'刘神针'虽按古法从脊椎骨正中旁开处取穴，但针入穴位过深，以至刺伤了肝脏，所以令尊大人昏迷不醒。"

"先生，家父有救吗？"

华佗看了看徐公子，心情很沉重。

樊阿一边收拾针具，一边对徐公子说："准备笔墨，老师要开处方。"

"客厅里有文房四宝，请吧！"徐公子说。

到了客厅，华佗坐定，徐公子的家人把文房四宝摆到华佗的面前。

华佗说："不用了。"

"难道服药也不中用，要开刀？"樊阿问。

"不是。"华佗回答了樊阿,又转向徐公子说,"令尊伤了肝,如果轻的话,慢慢就会恢复过来,不用治,也没有什么治的办法;如果重的话,就没有办法了。《内经》里有刺中肝,五日死的说法,说明误刺了肝是很危险的。如果胸闷、咳嗽加剧,饮食减退,大便带血,病势日渐恶化,那恐怕就难救了。"

"先生,家父究竟……"

没等徐公子说完,华佗摇了摇头,伸出三个指头,便默默离开了徐府。

徐公子懂得华佗的意思。三天以后,徐县令果然不治而死。

"刘神针"闻讯后,吓得半死。自知闯了大祸,便逃之夭夭。

一年之后,徐公子调至沛都任长史,谯县县令已换了。"刘神针"得知这些变故,才悄悄地回到家中。

歹毒而狡猾是"刘神针"的品性。回来之后,刘神针便想尽千方百计,寻找机会,想要来报复指出他误诊的华佗。

一次,华佗给一位病人诊断开药,"刘神针"买通病人身边的侍从,偷偷在华佗开的药方里做了手脚。

华佗给病人开了二分麻黄,"刘神针"偷偷增加了分量,把剂量变成一两!

这药是发汗药。病人服下后,汗出不止,竟弄得被褥湿漉漉、沉甸甸的。过了三个时辰,华佗发现病人大汗亡阳,出现虚脱症状,鼻孔有进的气没出的气,脉跳微弱,且时有中断。华佗重新拟方并辅以针灸,仍无力回天,病人拖到三天后,咽下了气。

怎么会发生这事呢?华佗百思不得其解。

"刘神针"制造了医疗事故,以达到报复华佗的目的。他又向新县令告黑状,说华佗害死病人。新县令立即发签捉人。

华佗被关进大牢。他据理力争,过了好久,事情才调查清楚,华佗才被放了出来。

二、爱情之甜与失子之痛

相传,华佗的妻子名叫云卿。在民间,流传着一个关于华佗的美丽动人的爱情故事:

初春的一天早晨,风不是很冷,淡淡的云雾笼罩在谯县东南一座不知名的土丘上,这里的树木开始染上了淡绿,枝头的苞蕾正不断地膨胀。桃花嗅着春的气息在原野中独放,河沟边的小草也探出了鹅黄的脑袋,在朝阳下显得那么生机盎然。

华佗身背药篓,正在这座土丘上采药,不慎一脚踩空,滚落河沟,昏死了过去。

不知过了多长时间,华佗清醒过来时,发现一位姑娘正用一只胳膊把他揽在怀里。

此时,映入华佗眼帘的是一位少女的面庞。她一张瓜子脸,眉毛淡淡的,眼睛大大的,鼻子端直,唇红齿白。

华佗不曾见过这般美丽的女子。

那一瞬间,华佗断言,这个女子绝非等闲之辈。

二十岁左右的男女,正值青春岁月,心里对异性的渴望与日俱增。华佗问及女子的芳名,得知她叫云卿。

"云卿,这荒郊野外,你是怎么过来的?"华佗笑着问了一句。

"无可奉告!"云卿卖了个关子,转身顺着河沿儿跑走,霎时不见了踪影……

从这以后，华佗就经常来这里采药，可是再也没见过云卿，一颗炽热的心顿感失落，思念之情也油然而生。

光阴荏苒，转眼就到了夏天。

一日，天气格外闷热，华佗在这座土丘上采药，累得满头大汗。午后时分，他停下手脚，走到一个荫凉处休息，并吃起随身带的干粮。

顷刻，天气骤变，狂风大作，乌云翻滚。

华佗赶紧背起药篓往回走。华佗路过梅家村的时候，下起了倾盆大雨。

雨越下越大，华佗无奈，只得在一个大户人家门廊下暂时躲雨。

这时，一个仆人打开大门，准备冒雨外出。华佗见那人慌里慌张，走上前主动道了一句："请问您有何急事？"

那仆人打量了一下华佗，心不在焉地说："我家小姐病重，请来几个先生都没有办法治，这不，差我再去请大夫呀！"

华佗听说这家有重病人，大雨天要去请医生，心想：我自己也是医生呀，岂能见死不救？他就向那人说明自己的身份，表示愿意尽力。华佗怎么也没有想到，他救治的这个病人正是云卿……

治疗了一段日子，云卿的病明显好转了，又逐渐恢复了原先那如花似玉的模样。

华佗也得知，这家的主人是梅家村里辈分最长的老者，德高望重，人称梅翁。梅翁夫妻俩年过花甲，膝下只有云卿这一个女儿，老两口视其如掌上明珠。

一天，华佗在厢房为云卿熬制汤药，云卿走过来与华佗叙话。

"多谢先生救命之恩！"云卿感激地说。

"姑娘言重了，治病救人乃医家之本分，况且我这条命还是姑娘捡回来的呢！"

"呵呵，不客气。其实，我祖上也行医，只是到了我爷爷这一代就……"

"就怎么了？"

"我爷爷年轻时迷恋仕途，放弃了从医，在衙门里谋了个差事，后来由于看不惯朝政，就回乡置办些田产，过起了田园生活。到了我父亲这一代，就完全脱离了医道，父亲以经商为生。"云卿说道。

"哦，怪不得呢，你们家如此殷实！"

"哪里。现在生意也不好做了，只是勉强顾上一家人的温饱！"

"唉，现在这世道……"

"对了。"云卿扬起眉毛，神态莫测地说，"我爷爷有一部医学秘笈。"

华佗兴奋得两眼发亮，忙追问："是什么秘笈？是《黄帝内经》《神农本草经》，还是《难经》？"

云卿早已猜透华佗的心思，抱肘告诉他说："书名无可奉告。我父亲是商人，这部医书于他无用。有人曾出黄金千两、房舍一座换他这部书，父亲说，此书无价。当然，书是要传的，只是必须等到条件成熟……"

云卿如此一说，华佗也不好再问。

相处久了，华佗与云卿彼此生了好感。不久，有媒婆上门到梅家提亲，云卿父母甚是高兴，可云卿有自己的心上人，就是不答应。

媒婆走后，老夫人又与女儿商量，女儿却不开口。

老两口再三询问，云卿这才红着脸说："女儿的病是谁治好的？没有他哪有我？"接着，云卿又把在山里救起华佗的事跟父母说了，老两口一听，这才明白女儿的心事。梅翁心想：尽管这是天赐姻缘，但是自己毕竟还不知华佗的底细呀。事关女儿的终身大事，得先考察考察。

之后，梅翁选一吉日，差人把华佗请到堂前，准备试探一番。

梅翁问："华佗，你家住哪里呀？"

"谯县小华庄。"

"听说你和小女早就认识了？"

"是，有一次我在附近土丘上采药，突然一脚踏空，跌入河沟，幸亏云卿姑娘搭救了我，才捡回一命。"

"你俩就这么认识了？"

"嗯。"华佗说。

"你可以走了！"

云卿见父亲下了逐客令，忙说："华佗可以同您切磋学问呢，父亲！"

"华佗能同我切磋什么学问？"

华佗说："先生，我最感兴趣的是医道。"

"好吧。"梅翁起身进了书房。

云卿向屋里努努嘴，华佗会意，忙尾随梅翁进了书房。

书房内陈设不算奢侈，但很是讲究，最引人注目的是一人高的柜子里搁着竹简书，一捆一捆，塞得满满当当。华佗发现，有几捆正是医学典籍。

梅翁端坐在椅子上，对华佗说："我没行过医，但家父强迫我读过几年医书，所以对医道略知一二。这医有上下之分：上医医神，中医医性，下医医命；上医无药而医，下医则靠药草、针灸、推拿以祛邪。"

华佗诚恳地说："这是最深刻的论述，先生！我还是第一次听人讲这么高深的道理。"

"你也认同？"梅翁突然客气起来。他预感到，面前这位年轻人涉足医界，必当是名医圣手。再过上十年，自己将无资格和他讨论医学，只配洗耳恭听。

华佗点点头。

梅翁顺着华佗的话说："我爷爷是扁鹊六世传人，医术高明。我父亲是七世传人，但他迷恋仕途，一门心思要当博士祭酒，以为这才是士子正途。谁知仕途险恶啊！"接着，梅翁捶打着椅子说："梅姓乃医生世家，到我父亲和我这里中断了，令人痛惜啊！所幸西山的治化长老继承了衣钵。"

华佗很是兴奋，说："您认识治化长老？我也跟他学过医。"

梅翁满是皱纹的脸舒展开来，开心一笑，用手比画着说："相识多年，他比我大不了几岁，今年八十出头，但他修身养性多年，鹤发童颜，我却已鸡皮鹤发，行将就木。"

为了学到梅翁家里所藏医书中博大精深的医学知识，华佗贸然相求道："老先生，你珍藏的医学典籍可否借我一观，让晚生开开眼界！"

梅翁心里明白，眼前的后生非等闲之辈，况且女儿对华佗的评价又那么高，心头一热，当即点头应允，又说："我已是风烛残年，此书迟早要传与有识者。说来惭愧，家父授我的《神农本草经》，让我补充修订，并抄于布帛，方便研读和收藏。现在有了蔡侯纸，更可多抄几部。可我辜负了先人希望，至今未着一笔，竹简反倒坏了不少。华佗，你愿意完成整理工作吗？"

"晚生愿意！"华佗大喜过望，忙不迭地磕头谢恩，信誓旦旦。

梅翁向来自信"知人善任"，说罢起身去书架上搬那部书……

华佗在梅翁家里修订医书。梅翁看他聪明勤奋、心地善良，女儿又对他一往情深，终于同意将女儿云卿嫁给他。

华佗新婚以后，他既爱娇妻云卿，又爱医学秘笈《神农本草经》，两样都爱不释手，白天只好委屈一下妻子，将自己关在书房内，整理残缺的医书。

好在云卿是个聪明识大体的女人，她理解和支持华佗刻苦研究。

读了云卿家的医书，华佗一下子如同进入了一座医学宝库，价值连城的宝物琳琅满目，俯拾即是。他的医术从此大进。

相传，华佗和云卿生过一个儿子，名叫沸儿。

秋天，是收获庄稼的季节，也是采集草药最重要的时间。华佗和樊阿不得不挤出时间外出采药，这一年一度的黄金时刻是不能错过的。这一年，华佗正在研究麻醉药，看上了曼陀罗果，想以此作为原材料。他对樊阿说："我明天就去泰山采这东西，回来好好试试。"

一直在旁边围观的沸儿，感到很好奇，就在华佗面前撒娇道："爹，我也要去泰山，我也要跟你一起去采这红果子……"

华佗很疼爱沸儿，啥事都依着他，拗不过他，只好答应了。

次日一大早，华佗安排云卿和樊阿在家接诊，自己背起行囊，跟沸儿一起去泰山寻找曼陀罗果子去了。

来到泰山，天色已晚。他们在山脚下找了家客栈住了下来，准备第二天上山采药。

第二天早上，和暖的阳光洒在泰山的山坡上，漫山遍野的绿色植被在微风中摇曳。沸儿跟在华佗身后，帮父亲采药。

华佗拿起一个曼陀罗果子，对儿子说："沸儿，我想试试这药的效力怎样，要是我失去知觉，醒不过来，你就下山请几个人把我抬下去，免得夜里在这儿出危险。"沸儿说："爹，让我试试吧，我年纪小，要是吃了药醒不过来，你把我抱下山就行了。你是医生，要是这药有毒，你还能给我治呢。"华佗听儿子说得有理，就把果子递给了沸儿。

沸儿吃下去一个，华佗问："嘴上可麻？"沸儿摇摇头。吃下去两个，华佗又问麻不麻，沸儿又摇摇头。一连吃了十几个，华佗问了十几遍，沸儿摇了十几回头。华佗泄气了，怀疑朋友说了瞎话。不料沸儿忽然把头一歪，躺在地上睡着了。

华佗抱着沸儿下了山，住在客店里，买了许多好吃的东西，想等儿子醒来给他吃。

可是，到了半夜，儿子还没醒来。

原来，沸儿不幸中毒死了。

见此，华佗不禁放声大哭……

三、初见曹操与拒做侍医

华佗的一生充满了戏剧性和悲剧性。他本是一位卓越的医生，发现了许多治疗方案和药物。但是他在追寻医学真理和救治病人的过程中，却多次遭到厄运和不幸。

官渡之战后，曹操击败北方强大的割据势力袁绍，以后又逐渐统一北方，成为叱咤风云的人物。战争上的节节胜利，使得他更加雄心勃勃。

然而，长期的征战生涯和过度紧张忙碌的日常工作，把曹操的身体拖垮了。他的"头风"痼疾愈发厉害。

相传，有一天，曹操正在召开军事会议，头风病骤然发作，剧痛难忍，众将领和医官一筹莫展，坐卧不宁。就在大家束手无策之时，军师荀彧壮着胆子举荐了华佗。

听到华佗的名字，曹操感到很兴奋，一时竟忘了疼痛："我怎么就忘了他呢？华佗还是我的同乡呢！"

"我明天就去谯县叫华佗来为您治病。"荀彧急忙对曹操说道。

"不可，不可！"曹操连忙摆摆手说。

曹操颇善于识人，虽与华佗未曾谋面，但听到的关于华佗的传闻却不少，他深知此人医术高明，但性子也倔得出奇。华佗不愿做官，不喜欢与显贵交往。若以他曹操的名义征辟，华佗未必买账；请来看病，他也不会久留。但华佗精通五经，从中接受了忠君思想，皇帝的旨意他不会不依从。此时的曹操挟天子以令诸侯，朝中大事皆由他说了算。曹操看准了华佗的性子，想到对付他的办法，却不明说，只说："华佗乃当今名医，旷世奇才，需派钦差恭请，岂可令人传唤！"

此言一出，荀彧立刻明白了曹操的用意，曹操是在以皇帝的名义，召华佗进宫，这样华佗也不敢抗旨。虽然此计有点卑劣，但荀彧依然觉得感动：曹操果然是爱才之人。如此隆重地延请一位民间草医，前朝没有先例。

曹操假诏，派钦差大臣请华佗到许都，以便长久留他在身边当侍医。

华佗在荀彧的陪同下，快步向丞相府走去，等待曹操的召见。

此刻，华佗的心情很是复杂：一方面，他不想见曹操，他恨曹操，恨他心狠手辣，在徐州杀害数十万百姓；另一方面，他又很纳闷，这位老乡究竟有何能耐，竟然能挟天子以令诸侯？

曹操也在想，自己步入壮年，华佗比自己大十来岁，是位年过半百的老者。这位老乡究竟何等模样？他怎么能有这么高超的医术？

曹操传令，免去华佗的觐见之礼，让他直接到书房一叙。

华佗惴惴不安，迈着细小的碎步，被荀彧领进丞相府。跨过一道道门槛，通过一道道岗哨，他来到一间宽大的屋子里，屋子正面摆着一张少见的大案，两边分别搁着案子、茶几，其他尽是书架，架上摆满了书。华佗被墙上一张条幅吸引住了。那上面是一首诗：

神龟虽寿，犹有竟时，
腾蛇乘雾，终为土灰。
老骥伏枥，志在千里，
烈士暮年，壮心不已。
盈缩之期，不但在天，
养怡之福，可得永年。
…………

华佗思忖道：真是文如其人啊！这首诗应该就是曹操的自白。

目睹着阔绰的厅堂，华佗深为曹操的气派所折服，一股羡慕之意也油然而生。曹操征战南北，逐鹿中原，赢得将士称道，绝非徒有虚名。无论是国民，还是对手，对于曹操均是敬畏有加。

"丞相，谯县华先生请到！"

荀彧的一声禀报,惊醒了驰骋思想的华佗,他急忙收拾好心情,向里窥视。

这时,一个洪亮的声音飘来:"呵呵,有朋自故乡来,不亦乐乎!你叫华佗,是谯县人?我们还是同乡哩!"华佗抬头一看,屋内走出一位身着袍服、个子不高的人来,华佗猜测此人就是曹操。

华佗正思量是否要行跪礼,迟疑间,曹操一声"先生请",拱拱手,上前把住华佗的手,亲热地让他坐。

曹操开口:"久闻先生大名,今日幸会。你一路奔波,多有劳顿,辛苦了!"

华佗不卑不亢地说:"丞相客气。"

曹操拿出一纸写好的诗递给华佗,说道:"先生,我前日得一药方,参详不透,请您帮我看看。"华佗一过目,便从那苍劲的书法中认出,这定是曹操自己写的,那种气势与笔力绝非一般人能够做到。纸上书道:胸中荷花,西湖秋英。晴空夜明,初入其境。长生不老,永远康宁。老娘获利,警惕家人。五除三十,假满期临。胸有大略,军师难混。接骨医生,老实忠诚。无能缺技,药店关门。

读毕,华佗挥毫直书,将诗中暗含的十六味中草药名次第写出:穿心莲、杭菊、满天星、生地、万年青、千年健、益母草、防己、商陆、当归、远志、苦参、续断、厚朴、白术、没药。

一挥而就后,华佗将结果双手呈上:"丞相,请看。"

曹操看后,叹服华佗的敏思与专业性。"吾病愈有望矣!"曹操面露悦色。一场考量,没有击败华佗,却使站立一旁的将士,尤其是荀彧出了一身冷汗,他为两位智者的聪慧而倾倒。曹操的博学善问、华佗的从容应对,让他深感欣赏。

随后，曹操和华佗相互询问了家人情况。提及谯县近况，华佗内心油然升起一股伤感之情，他向曹操简单介绍家乡近年水旱相袭、民不聊生的景况。

曹操感慨道："这些年中原战乱，生灵涂炭。去岁路过咱们家乡，走了一天，竟没看见一个面带笑容的人，我不禁触景伤情，潸然泪下。"

曹操还会为百姓的痛苦垂泪？华佗心想：联系到前些日子发生在徐州的大屠杀，这实在有点滑稽可笑。

"丞相，我这些年巡游天下，目睹了一些惨绝人寰的烧杀之行。初平元年（190），我在洛阳，方圆两三百里竟无一幢完整的宅院，无人烟，无鸡犬之声，中原富庶之地竟成一片荒原。初平四年（193），我经过徐州，只见白骨如山积，泗水为之断流。真是惨不忍睹！我当时曾下决心不再为医，医者活人有限，而战乱杀人无数，世有医等于无医。"华佗对曹操说。

荀彧以目光示意华佗，不可再说下去。他心里为华佗的正直而担忧。

曹操倒哈哈大笑，对荀彧说："文若（荀彧的字），华先生的话颇有见地，医者活人有限，而战乱杀人无数。"他又对华佗言道："我正是为消弭战乱而起义兵，若无曹某稳住大汉江山，不知有几人称帝，几人为王。曹某有幸成为丞相，代帝治理天下，为复兴国家而下《求贤令》，先生乃命世奇才，为国效力是士之本分，幸勿推诿。"

曹操这一番话说得得体，有分量，既表明了心迹，又消减了华佗的积怨。华佗见说到职责上，便问："不知皇帝有何差遣？何日面君？"

"先生，你就留在丞相府吧。"曹操说。

华佗知道拗他不过，点了点头，又提出要求："华佗不求一官半职，望丞相允许华佗半官半民。丞相传唤我，我不推诿，百姓求医问药，华佗亦应尽医者本分。"

显然，华佗不想做供人使唤、形同仆役、"常在曹操左右"之侍医。以治病救人为己任的华佗，本来就对曹操屠杀徐州百姓的罪行非常不满，现在曹操又要华佗做专为他个人服务的侍医，华佗是做不到的。

"哈哈哈……只要先生肯留在许都，其他方面悉听尊便。"曹操听了华佗的一席话，爽朗地大笑起来。

曹操离席走到华佗面前，对华佗说："我们是同乡，这次我派人请你，你想必知道我的意思吧！"

"丞相得了头痛病，是要我来诊治？"华佗有意装糊涂。

曹操神秘地一笑："华先生学识渊博，精于医道，可惜相见恨晚啊。"

接着，曹操走进屋内，躺在卧榻上，让华佗替自己治病。

华佗一番诊治后，断定曹操所患为"头风眩"，这种病一发作，患者即会头疼剧烈，难以自持。他说："丞相因为劳神过度，得的是'头风眩'，应该是早年头部受过撞击。那时丞相身强力壮，病发作不起来，人到中年又遇伤心之事，风寒乘虚进入脑髓，再加上操劳过度，病才会发作，发作时痛不可当。"

华佗的一番话，勾起了曹操一段回忆：

早年，曹操在濮阳战役时，头部确实受过撞击，后来父亲又在徐州遇害，他痛不欲生，自此患上头风病。曹操心中暗想：嗯，华佗说得有理，看来我的病有治愈的希望了。他问："我的病能医治吗？"

华佗自信地告诉他："可以，无需动用药物，针灸即可。"

华佗耐心地向曹操解释病情，曹操大喜。

之后有一次，曹操头风发作，华佗拿出一根细如发丝、光亮夺目的银针，决定以四寸银针，重刺曹操的膈俞穴。曹操粗通医道，颇知这一针的风险，他沉思良久。身边诸位医官听说要贴心取穴，均面如土灰。

曹操之子曹丕命令许褚大将军："若丞相稍有不测，立斩华佗。"

曹操犹豫之后，终于同意冒死下针。

华佗在众目睽睽之下，在曹操胸椎旁的膈俞穴轻轻一拈，银针便直入病穴。只见曹操口抽冷气，大叫一声，倒了下去。

许褚吓了一跳，立即抽刀紧逼华佗。

好在，华佗的"神针"再次发出神威，曹操的病痛竟像被风吹走似的消失了，缓了一会儿，他便坐了起来。

众人不禁为华佗的技术拍案叫绝！

曹操军务繁忙，头痛时常发作，发作起来就要放下军务。这严重扰乱了正常秩序，令曹操很是不安。看到华佗能治他的头痛病后，他向手下发出指令，让华佗留于军中，专侍帐内，以免三番五次地前去邀请，过于烦琐，容易贻误医治良机，让自己多遭折磨。

四、延期返都与杀身之祸

华佗是个行走于民间的游医，让他长久待在许都曹营，他非常不适应，甚至感到度日如年，有一种被关进牢笼的感觉。

久居他乡，华佗十分思念家中的亲人和乡亲，也渴盼知晓家乡发生了什么变化。虽然弟子们可以放开手脚为百姓治病，但民间蕴藏的大量医药方面的知识，他想及时地加以梳理总结。一想到这些，一种献身医学事业的责任心，令他怎么也安不下心来，恨不得插上翅膀飞回去。

有一日，曹操又感头痛。每一次，病来如堤岸崩塌，山洪倾泻，病去如海水退潮，平静如初，而这种翻滚的载体却是人的头颅，那痛苦已经逾越了曹操的承受底线。

曹操马上想到华佗，急令手下请华佗入帐。

华佗匆匆走近病榻，有条不紊地重复着医疗流程，曹操头痛渐止。

受到病痛折磨的曹操请求神医华佗彻底驱除病魔，让这病永不再犯。华佗坦然阐释道："丞相之病，乃脑部痼疾，近期难以根除，须长期攻治，逐步缓解，以求延长寿命。"

一丝不快掠过曹操心头，华佗的话语让他有无望之感，只是碍于医有奇效，同时又是乡里乡亲，曹操隐而未发。

由于曹操的间歇性头痛难以根治，华佗简直成了"消防队员"，治病如救火，银针似救星。一来二去，双方渐渐滋生了厌烦之感。

华佗尽管每天被锦衣玉食所围绕，但是内心苦闷。眼前繁华乃令人浮躁之物，虚名早已不是华佗所求。虽已年过六旬，华佗仍手脚勤快，喜欢给平民百姓行医施药。他心想：我凭医术吃饭，又不曾要你一官半职，我不医天下人，却为你一人效力，这不是强人所难吗！

华佗打算找机会离开，但又恐曹操变脸，他只得在曹营暂住，苦待脱身机会。

此时，妻子云卿在家乡谯县坐卧不安，遥望许都，思夫心切。夫君一去已有许久，杳无音信，街坊四邻也议论纷纷，使她惴惴不安。

云卿深知丈夫胸有大志，目光长远，虽然已是杏林高手，但仍心系百姓疾患。她想：难道夫君在曹营，受丞相垂青，已经谋取官职，无心思家？难道他一着不慎，使丞相病情加重，获罪于身？难道……

云卿不敢再想，急急修书一封，委托往来于许昌与谯县之间的客商，务必将急件捎到华佗手上。

有家书至，华佗兴奋不已，展开信笺，上面写的却是"妻病危，万望回家一趟"。

收到家书，华佗既喜又忧。喜的是得到了久违的妻子的信息，忧的是云卿的身体状况。于是，他急忙求见丞相府里管理内务的侍从官，恳请侍从官准他告假回乡探亲。

"你是直接为丞相治病的，要得到他的许可才行。"侍从官对华佗说。于是，侍从官接过华佗的家书，转报了曹操。

曹操听完侍从官报告，对他说："这个山林野老，人在这里，心始终不在这里。当初留下他后，我待他不薄，他不但不感激，反而说不想当官，宁愿回去。这回如果准他假，把他放掉了，他还会回来吗？"

侍从官思考片刻，对曹操说："病危探亲，理所当然，如果不准他假，恐怕影响不好。"

曹操仔细审视华佗的家书，心中摇摆不定。他心想：我从前举过孝廉，现在华佗的妻子病危于家中，如不允他速归老家，世人以为我曹操乃无情无义之人，恐怕有损于孝廉的美名！然而，他又惧怕头痛的侵袭，唯有华佗是一根"救命稻草"，一旦发病，谁能替代救治？

曹操踱步良久，思忖半天，最终做了让步，批了华佗半年假期，并明确告知他：时间一到，须立即返程。

华佗从丞相府出来，宛如出笼之鸟，以最快的速度向谯县进发。回家后，他见妻子无恙，松了一口气……

转眼半年的假期将过，华佗摊开蔡侯纸，给曹丞相写了一封续假信。为了使撒谎的事不露破绽，他只得违心地说妻子的病如何如何严重，需要精心调治。之后，他一连写了几封这样的信。

这些信，华佗是用心思考的，既情真意切，又有理有据。他是想打动曹操，赢得时间，多总结病案，多给家乡百姓看病。

见华佗的续假信接二连三地写来，曹操很是恼火，常在侍从面前大发雷霆。

有一天中午，午饭后的曹操把侍从官叫到面前，曹操怒气冲冲地问道："华佗的那些信你都看过了？"

侍从官一看曹操这脸色，吓得低头不敢作声。

"无能啊，无能！我们都上他的当了。他根本就没有回来的意思。"曹操一边斥骂，一边把几封信往侍从官面前掷去。

"丞相息怒！我现在就派人去把他抓来。"

"且慢，先用我的名义写封信，让他即刻返回。另外，再通知谯县县令，要他勒令华佗动身。"

没几天，华佗就收到了曹操的信，还有谯县县令下的催促启程的命令。但他置之不理，他正在写医书，抓紧时间奋笔疾书，打算尽快完成手头的书稿。

谯县县令亲自上门劝道："华先生，请您收拾行装，明晨我派人送你去许都。"

县令走后，云卿觉得事态严重，抗旨不遵是要杀头的，便阴着脸，说："当家的，你明天就走！不是为妻赶你，曹操假诏催归，准是他病得很重。惹烦了他，不仅保不住你的脑袋，还会连累家人。托言妻病，可我……"

吴普看师娘说到这个份上，忙帮腔道："师娘说得很对，师傅，诰命催归，这不是小事。"

尽管妻子和弟子如此坚决地催促华佗出发，华佗仍不愿走。他从心底看不起曹操。

次日，华佗仍然没有上路，谯县县令只得呈文向许都汇报。

吴普怕师傅吃亏，哀求县令大人回文书时写明华佗"妻病"。县令不同意，他怕犯欺君之罪，他知道一旦查明，将获罪于朝。通融以后，县令才同意转呈请假信，请假理由仍是"妻病"。

曹操见了回文，愕然良久："好你个华佗，有意对抗我！这不是在逼我杀你吗？"

细想一下，曹操又觉得这事古怪：莫非华佗是祢衡第二，想以死坏我曹孟德"重士"的美名？一个六旬的老头死不足惜，我曹孟德多年苦心营造的美名却不能毁于一旦啊！

杀？不杀？曹操内心忐忑，举棋不定。良久，他抬起头，决定再给华佗一次机会。

曹操把爱将许褚唤来，吩咐他速去华佗的家乡谯县，对华佗的行径进行调查。若其妻确实有病，可赐小豆四十斛，宽假一月；若属欺君罔上，则查明实据，押解许都，收押定罪。

几天之后，谯城多了几个神秘人物，其中有两个校事，就是侦探，专门负责查明华佗的妻子是否患病，要搜集证据，以确定华佗是否犯罪。

一种不祥的阴云笼罩在华佗的"草医堂"。

这里虽然仍像以往一样，病人来往不断，华佗也整天为病人忙碌着，但是他的妻子云卿却忧心忡忡，他的弟子们也心事重重，担心他的生命安全。华佗却满不在乎，谈笑如故，自从给曹丞相发出第一封续假信时，他就已把自己的生死置之度外了。以后接连几封信，更加表明他留下来的决心不可动摇。

校事花钱临时雇了个孕妇，扮作她的亲属，来到华佗草医堂求医。

华佗号了号脉，便让云卿去摸孕妇腹部，以确定婴儿月份。云卿如法去做，而且动作轻快，技法娴熟。

校事见云卿气色很好，聊了几句后，装作不经意地问道："敢问华夫人身体安好？"

云卿不知其中有诈，便说："你看，我的身体很好呀，而且常年不得病，怎么了？"

校事瞅瞅华佗，又看了看云卿，说："没什么，随便问问，随便问问……"说着，校事匆匆走出草医堂，将此事告知了曹操身边的大将军许褚。

当天，校事领着许褚、侍从官和数十兵丁，横冲直撞地闯进了草医堂。

"华佗，你的妻子不是病危吗？怎么那么长时间了，既不死，也不好？这叫什么病危啊？"侍从官尖刻地说。

"我的妻子没有病，你不要胡咒！"华佗理直气壮地回答。

"哈哈！你终于说实话了。我早就知道你在耍花招，看你思乡心切，也念你给我看过病，我替你在丞相面前说了好话，让你回家一趟。没想到，你却让我落了不是！"侍从官对随从的公差一挥手："把他带走！"

华佗义愤填膺地说："且慢！你是奉丞相之命请我返职，不是来抓犯人的，给我出去！我安排好了自会赴任。"

华佗把弟子们叫到身边，深情地向他们告别："树大招风，我这回去了，恐怕永远不能再回来了，免不了要死在外乡，成为游魂冤鬼。如果有可能，我再写点东西，想办法传给你们。我再也不能为乡亲们治病了，希望你们互相帮助，不断提高，挑起我不能再挑的担子，不辜负乡亲们对我们的期望。"

走到云卿面前，华佗哽咽着说："我一辈子没有顾家，年轻的时候，自己喜欢走南闯北、走村串寨；现在，曹操又不允许我待在家里。这个家过去大多靠你支撑，今后担子全落到你的身上了。望你多多保重，在生活上多多关心吴普、樊阿，还有小徒弟李当之。"

官兵们不容分说，就要用链子去锁华佗。华佗沉着地说："且慢，我把这个病人看完再走。"

当华佗结束了对身边病人的诊治，向众人道别时，众人已是泪水涟涟了。

华佗，这位深受黎民百姓爱戴的医生，就像罪人一样被兵丁推出门外，用囚车监押去了许都。

人们预料中的事发生了。

云卿哭得昏死过去。樊阿扑上前去抓住囚车木轮，不让囚车前进，呼天抢地地大哭："师傅，是我害了你，是我害了你啊！"

囚车里的华佗表情愤怒，又多少夹杂着懊悔之意。

囚车驰过许都闹市通衢，人们认出被监押的是华佗，不由得群情哗然。那些被华佗从死神手中救出的人，无论为官的、当兵的、读书人、商贾，还是引车卖浆者，都尾随囚车，一路哀求，一路呼号，长长的队伍望不到尽头。这些人不约而同地在丞相府外聚会，密密麻麻跪了一片，恳请曹操法外施恩，饶恕华佗……

华佗被押到许都以后，曹操急令将华佗押解上来。

这次进丞相府，现场的氛围紧张、冷寂，显然与以前的和谐、友善、热情不同。

看到枯瘦落魄的华佗，曹操陡生几丝爱怜，本来一肚子的怨气，想集中火力向华佗倾泻，但在此刻他的愤怒却略微平息。曹操稳定了一下情绪，不但没有严词责备，还亲自为华佗松绑。

曹操笑着问："你妻子的病好了，又回来了？"

"你已经知道我妻子没有病，是他们把我抓来的。"

"啊，你妻子没有病，没病就好，没病就好！"接着，曹操换了一副面孔，"你欺骗朝廷，逾期不归，该当何罪？"

"我没有罪。如果你认为我犯了逾期罪，那就杀了我吧！"

"呵呵……好了，过去的事就过去了。你今后还要好好给我治病，立功赎罪！"

"我早就说过，丞相的病不治也不会危及生命；你要我治，我也没有办法根治。"

曹操的怒火再次燃起。他拿起办公案上的竹简，往案面上"啪"的一拍，怒道："人家都叫你'神医'，剖腹手术你都能做，垂死病人你救得活，我这点小病你却看不好？"

"要是看得好，我也不会憋在这里了。"

短暂的沉默后，曹操又和颜悦色地劝华佗安下心来当侍医，继续为他治疗拂之不去的头痛病。他用商量的语气问："你说，我的病真不能除根儿吗？"

本来，华佗早已横下一条心赴死，但见曹操还算豁达大度，出于职业的本能，他感到必须下"猛药"才有可能将这种病降服。他决定将自己医术的"撒手锏"和盘托出，直言不讳地告诉曹操：

"丞相，您的头痛病已经很严重了，针灸已经难以奏效，确实很难根治。不过……"

"不过什么？难道你要要挟我不成？"

"岂敢。要根除此病也有疗法，如果您不害怕的话，给您服麻沸散，然后剖开头颅，施行手术，取出风涎，这样才能除去病根。"

本来心中怒气稍定的曹操，听说要剖开头颅治疗，气得浑身发抖。多疑的曹操认为华佗是要借机杀他，瞬间又暴躁起来。他隐隐地感觉，这位老乡是在用一种蔑视的心态与自己对话，他认为华佗恩将仇报，想要谋害自己的性命。

曹操不可能同意华佗"开颅取涎"的治疗方案。

这病不能让华佗治了！

"头剖开了，人还能活吗？我早就看出，你是不愿意再为我好好治病了，那就不再勉强了。"想到这里，曹操厉声呵斥道。

华佗和在场的将士感觉整个屋子都在摇晃……曹操叫了声："来人！"叫人把华佗押进了死牢。

曹操原以为铁窗之苦，可以使华佗屈服，可是他想错了，侍从每次报告，都说华佗并无悔意。曹操大失所望。想到华佗毫无回心转意的意思，曹操盛怒之下，最终起了杀心。

侍从官为了讨好曹操，严厉拷打华佗，把华佗打得遍体鳞伤。华佗却说："我确实有意抗旨不遵。我为天下人行医，曹丞相非要留下我治疗他一个人，我心有不甘。我死不足惜，但曹丞相当年屠杀徐州百姓，又于赤壁败北，曹丞相亦应隐退，并谢罪于天下！"

侍从官无奈，只好将供词报告给曹操。曹操气得拔出宝剑，砍去几案一角，怒不可遏地说："华佗，你休想以技相挟，你死定了！"

大将军许褚也是华佗的老乡，有心救华佗，可华佗总是不好好配合，反说出惊世骇俗的话来。许褚想起有个人可以说服曹操，那就是曹操最信任的谋士荀彧。

其实，以重要谋臣荀彧为首的众多惜才的谋士，在华佗入监后，一直在进行着营救行动，他们频频向曹操进言，希望曹操念华佗医术卓越，以天下百姓的生命健康为重，用宽容之心放其一马。

面对众多谋士的请愿，向来善于接纳他人意见的曹操，这一次却不为所动，态度坚定，非杀了华佗不可。

这天，许褚专程来到荀彧的府上，再次请求他为华佗说情。

荀彧听了许褚的情况介绍，暗暗责备华佗：真是太固执、太耿直啊！骂曹丞相，这不等于鸡蛋碰石头吗？

然而，荀彧没有放弃做最后一次努力。他要为华佗的生死再次拜见曹丞相。

曹操知其来意，问："你又是为华佗当说客吧？"

荀彧点点头，说："丞相，杀华佗恐招天下人非议。此人医技高超，乃旷世奇才，之前为丞相治病还是很尽心的。在下以为关系人命，宜于宽宥。"

"他医技高超，怎么根除不了我的头痛？他虽然能开膛剖肚给人治病，但打开脑壳的事，我却从未听说过。这分明是想谋害吾，吾岂能容他？留此子又有何益？"曹操不以为然地冷笑一声，反问道。

"仓舒的病经华佗治疗，不是有转机了吗？"

仓舒就是曹冲，他是曹操最为宠爱的儿子，自幼聪明过人，也是其他弟兄妒忌的对象。曹冲虽然天性聪颖，但是自幼体弱多病。曹操没料到，荀彧此刻会抬出他的爱子。

曹操素来反感别人借机压服他，便瞪了荀彧一眼，说："天下不患无此鼠辈。吾儿的病另请高明，我不信天下再无良医！"

"天下不乏良医，年年皆有良医崭露头角，可华佗并非一般人可比。"

"依你说，杀不得？"

"杀不得。"

曹操决定再给华佗最后一次机会，让许褚把华佗带来，看看华佗的态度。令曹操失望的是，华佗已经铁了心，看透了曹操的本质。

"丞相。"华佗从容地说："你待华某的确不薄。我不愿当你侍医，非为私怨。你虽不愧为英杰，但一生做错了两件事，该谢罪于天下。"

曹操惊讶地问："我做错哪两件事？"

"一是屠徐州，杀害数十万无辜百姓；二是进兵江南，致使数十万士兵死于水深火热之中。"

曹操闻言，心想：此人绝不可留！

曹操自认为已经给足了老乡面子，换回的却是一次次的冷漠相待，这让他很丢面子。自掌大权以来，他从未遭遇如此情状，怎么会任由一个草医随意摆布！于是，曹操转身写了个"斩"字交给许褚，最后望了华佗一眼，甩袖而去。

许褚知道人心向背。他带着曹操手谕返回将军府。一路上，这位身经百战的老将军浑身颤抖,牙齿磕得咯咯直响:砍华佗的脑袋,有违天理啊。

许褚骑在马上想了一路,想出最后一招——一个字:拖!反正曹操没定斩期,拖几天也说得过去。

五、神医凋落与焚书之憾

相传,华佗自从被投进许都监狱以后,遇到了人生长河里最后一个贵人,那就是看守他的狱卒老吴。

对华佗这位新来的"犯人",老吴特别尊重和优待。

老吴是个本分之人,看到华神医受此委屈,甚感不公。但他位卑无能,没有助华佗之力,只好在平时的起居上给华佗创造了很多便利,甚至偷偷地给他送来了笔墨,供华佗写写画画,整理医学经验。

华佗甚为感激,他实在没有想到,在即将走完生命旅程之时,上苍仍会安排好心人顶着外围压力,忙前忙后地照顾自己,他内心十分感动。

华佗心知肚明,对他而言,剩下的时间已经不多了。他预感到死期在一天天逼近,一种从未有过的紧迫感,使他的头脑、思路变得十分清晰,他要充分利用好人生的最后时光,一刻不停地写出自己的医疗经验。

唯一使华佗感到欣慰的是,请假回家时,他已匆匆写了几部书,吴普还帮助他整理出了《华佗方》。但他想留给后人的东西,还有很多很多。

于是,华佗忘了周围的一切,敏捷的思路如源源不断的流水。他将多年积累的医学经验归纳于文字,取名叫《青囊书》,以传后人。

华佗丝毫不敢怠慢,他在与时间拼速度、争耐力。麻沸散和剖割术是华佗医学生涯中的长项,他将研发中的细节与技巧毫无保留地写进《青囊书》。

处决的命令还没有下达到监狱,华佗已把这卷书稿修改了一遍。这时,华佗的心情略略轻松了些,因为只要狱卒把《青囊书》带出去,交给他的任何一个弟子,将来把这些活人之术传给后代,自己也就可以瞑目了……

五天之后,许褚去见曹操,曹操眯着眼睛问他:

"杀了华佗吗?"

"还没有。"许褚答。

"为啥不杀?"曹操追问道。

许褚说:"等丞相定个日子。"

曹操老谋深算,一眼看穿了许褚的心理活动,平静地说:"你不敢杀华佗?不敢杀这五百年才出一个的神医?怕落千古骂名?是不是,许将军!"

"臣罪该万死!"许褚一个劲儿地磕头谢罪,心想:这个曹丞相,太厉害了,啥事都瞒不过他。

"许将军,这罪名不会让你背的。"

曹操当即让人传来史官,令书其事,曹操口授"论律当杀无赦"之令。

史官认真记录下来,又念了一遍,知无错谬,就退下了。曹操望望许褚,苦笑道:"建安十三年,我曹操杀了华佗,让后人去评说吧!"

曹操定了个问斩的日子：次日午时。

许褚无话可说,只好默默退下。

许褚回府后,唤来负责管理监狱的狱吏侯甫,将丞相的指示传达给他,要他次日午时秘密杀死华佗。

侯甫见许褚眼眶含着泪水,自己亦是掩袖垂泪。良久,他才躬身退下。

侯甫来到关押华佗的监狱,命狱卒老吴备丰盛酒菜,请华佗受用。老吴知道,这是在为华佗送行啊!

老吴走进狱中,眼含热泪,委婉地对华佗说："先生,明天午时请您上路!"

抱着必死决心的华佗听到这正式的宣布,却不似往时那般慷慨激昂,他双手捧着《青囊书》,悲哀地呼喊道："我的《青囊书》,怎么办呢!"

老吴问道："先生还有啥话留下？"

经过一番心理斗争和缜密思考,华佗决定将《青囊书》书稿托付给狱卒老吴。

华佗走到老吴跟前,从怀里取出《青囊书》,小声地说："我华佗落魄于此,受到你仁义相待,万分感激。我的时间不多了,就是还有一件事情放心不下。我觉得你正直可信,不知能否相助？"

老吴痛苦地点点头。

"老吴啊,我华佗死不足惜,但这《青囊书》里面记录的都是我的心血,是可以救人活命的医方,我死后想麻烦你设法将此书送到我的家乡,交给我的徒弟樊阿、吴普他们。切记,这是一部可以济世救人的书啊！"华佗泪流满面,托起手中的《青囊书》对老吴交代道。

华佗著书图（亳州中医文化博物馆）

老吴久久地望着华佗手上的《青囊书》，早已泣不成声。

华佗把书稿抱在怀里，如拥抱自己的儿子一般，最终他把《青囊书》书稿交给了老吴。

老吴接到《青囊书》后，心情很是复杂。他想到，这是一部济世活人的书，是无价之宝，感到天上掉下了一个大大的馅饼，正好砸到了自己幸运的头上……

当天下午，老吴跑回家中，将这一特大喜讯报于他的妻子，并一再嘱咐她，要把《青囊书》保存好。

令老吴深感意外的是，妻子表情木讷，接过此书之后丝毫未经考虑，就将它投掷入火炉之中。

老吴大惊，忙叫："别烧，别烧！太可惜了！"随即，他与妻子发生了激烈的口角和肢体冲突。

看着燃烧着的《青囊书》，妻子抛出一句："纵然学得与华佗一般神妙，只落得死于牢中，要它何用？"

愚妇的朴素观念和自私心态彻底摧毁了一部医学宝典，留下了千古遗憾！后人发出感叹："惆怅人亡书亦绝，后人无复见《青囊》！"

…………

相传，当天深夜，华佗得知自己苦苦修成的医书《青囊书》已被愚妇付之一炬，悲愤不已。他心想：吾死不足惜，只是这《青囊书》乃吾一生之心血，本可造福后人，如今却化为灰烬……想到此，华佗这铮铮铁骨的硬汉泪流满襟，愤恨而绝望地缓缓起身，以泪濡墨，在墙壁上疾书绝笔：

竹帛烟灰兮怒火横，
儒医长恨兮斥曹营。
伤心儿女兮断头夜，
不负天下兮负云卿。

…………

次日午时，华佗被牵去了荒郊中的"万人坑"问斩。

临死之前，华佗仰天长啸："苍天，你睁开眼吧，曹孟德必将自食其果！"……

六、曹操之悔与时代之悲

真是应验了这句俗话："善有善报，恶有恶报。不是不报，时候未到。"

相传，曹操杀了华佗不久，曹操最疼爱的幼子、刚满十三岁的曹冲病情突然加重。面对孩子的病情，众医官束手无策，这让曹操忧心忡忡、坐立不安。

看到曹冲气若游丝，满头虚汗，曹操心如刀绞。作为父亲，他甚至宁愿曹冲的病痛转移到自己的身上，也不想让孩子受病魔的痛苦摧残。曹操一直看重曹冲这个孩子，甚至已经对他的未来进行了安排！

曹冲弥留之际，曹操亲去探视，询问医生："为啥吃了这么多药，总不见效？"

医生吓出一身冷汗，跪地不起，磕头如捣蒜，说："小人才疏学浅，医术不精，小人该死！"

此刻，曹冲吃力地望着曹操，嘴唇嚅动，似乎在苦苦哀求慈爱的父亲，一定要把他从死神的手中夺回来。

曹操心悸不安，泪眼模糊，心里哀叹：这是上天在惩罚我啊！上天呀，别夺我的爱子！

曹操紧握着曹冲的小手，将面颊与爱子蜡黄而冰冷的小脸紧紧贴在一起。曹操突然大声吼道："华佗安在？"

众人默默，大厅里死一般的寂静。曹操如坐针毡，又大声喊道："华佗安在？"

这声音震动四壁，在室内久久回荡……

言毕，曹操的头部仿佛炸裂一般，脑浆似乎要挣脱头颅的束缚，一次比一次猛烈、一次比一次汹涌地撞击头颅，如惊涛拍岸，如天崩地坼，如海啸狂作。

以上是关于华佗之死的民间传说。事实上，《三国志·华佗传》中详细记录了华佗因何而死。

曹操处死华佗的过程中,说了三句较为关键的话。第一句是在荀彧求情时,曹操说:"不忧,天下当无此鼠辈耶?"第二句是华佗死后,曹操头风未除时言:"佗能愈此。小人养吾病,欲以自重,然吾不杀此子,亦终当不为我断此根原耳。"第三句则是曹操的爱子曹冲生病后,曹操终感后悔:"吾悔杀华佗,令此儿强死也。"

其实,当初曹操召华佗为侍医时,华佗已经指出,曹操之病"此近难济,恒事攻治,可延岁月"。也就是说,华佗一开始就指出,曹操之病难以完全治好,但坚持治疗能够延长其寿命。为何曹操最后仍旧说出"佗能愈此"这样的话呢?可能这是他的心理期望。

曹操对被称为"神医"的华佗的医术盲目崇拜,认为华佗什么病都能治好,也应该治好曹操的病。但从《三国志》所记载的华佗其他15则医案中可以发现,华佗治好的有9例左右,未救治或明言为死证者有4例。古人已经清晰地认识到疾病轻重有不同,不同人体质禀赋亦有不同,如果疾病发展到特别严重的阶段,便难以救治。

在《史记》中《扁鹊见齐桓侯》一节里,扁鹊指出,如果疾病由肌肤腠理的浅层逐步发展到血脉、肠胃间,最终发展到骨髓,那么即便是司命之神也无可奈何。《素问·宝命全形论》中也提及,病重者"毒药无治,短针无取",任何治疗方法都难以起死回生。

古代医学理论中一个重要的部分是判断"生死证",即病人的病情是否能够治疗。如《史记·扁鹊仓公列传》中一再强调仓公能够"知人死生""决死生多验";《汉书·艺文志》在定义"医经"时,指出它能"起百病之本,死生之分",阐发疾病的本源、生死的界限;张仲景在《伤寒杂病论》序言中也提出"视死别生",强调判断生死证的重要性。可见,古代医家对于疾病轻重程度的认知已经相当深刻。如果曹操能够全面了解华佗所经历的医案,便不会对华佗产生误解。

曹操所患头风是什么病?中医认为,头风就是经久难愈的头痛。《医林绳墨·头痛》指出:"浅而近者,名曰头痛;深而远者,名曰头风。"清代医家李用粹在《证治汇补》中专辟头风一章,指出头风病因病机复杂,给治疗增添了难度。所以,头风确实属于难以治疗的疾病,华佗所言"此近难济"非虚。

曹操生性多疑,一开始就不信任华佗的言语,进而质疑其医德,认为华佗拖延着故意不治疗他的疾病,是为了借此来抬高自己的身份与地位。但实际上,从《三国志》中记载的其他医案来看,华佗的医德是不错的。为了治疗一位郡守的疾病,他甚至甘冒风险骂了对方一顿,自己差点被追杀。

在封建社会,医生作为一个职业,在统治阶级看来,是没有社会地位的。在奴隶社会,以医为业者多是奴隶,而且多为兼职。到封建社会,医生地位虽有改善,但仍处于低层。虽然有不少医生由于医技高超而得到统治者的重视,得到很高地位,甚至官居三品,但绝大多数医生仍然地位低微。因此,历史上迫害医学家的事件是层出不穷的,特别是为统治阶级服务的太医、侍医、御医,更是随时都有危险。如果被治疗的是皇上,以及皇上宠爱的公主、皇太子、妃嫔等,无论治疗是否失误,只要无效,医师就会遭到严重的迫害,轻则遭贬,重则杀身,甚至族人也要被捕治罪。统治阶级倚仗权势,横加迫害医生之事极多。

比如,唐代唐懿宗的爱女同昌公主久病不能治愈,最终死亡。懿宗以医药无效的罪名,下令将翰林医官韩宗绍、康仲殷杀害,进而下令将两位医学家的宗族亲属三百多人抓捕下狱。谏官温璋上疏劝谏，懿宗不但不接受谏官的意见，反而怒贬温璋。温璋叹曰："生不逢时，死何足惜。"他在当晚自缢而死。宰相刘瞻也上书皇帝劝谏，说公主本来就病重，医生已经尽心尽力了。皇帝看后竟然又大怒，当即将宰相罢免，并且牵连多人。可见医生在古代遭受迫害之严重。

其实，对曹操的治疗，华佗可谓尽心尽力。

《三国志》中说"佗常在左右。太祖苦头风，每发，心乱目眩。佗针鬲，随手而差。"因为曹操有病，华佗常伴其左右为他治疗，且手到病除。华佗也提出过"恒事攻治"，同意持续为曹操治疗。华佗做到这样，也算尽了一个医生的本分了。

华佗既治贫贱，亦疗权贵，对曹操虽无谄媚之举，但也尽心尽力。对于华佗的死，史料中有不少中肯的记载和评述。

唐代哲学家、文学家刘禹锡写过一篇《华佗论》。《华佗论》的大概意思是：虽然一直有人说华佗清高，不愿意为有权威的人看病，让曹操十分恼恨，但华佗医术精深，可以抢救人的性命，即使他性格不好，我们也应该宽恕他，曹操不以为然地认为这样的人哪里都有，这是不重视人才，是大错特错的。

正如十六世纪法国著名的人文主义思想家蒙田所言："科学研究是一件非常有益的大事业，轻视科学的人只能证明其愚蠢……"华佗之死，无疑是那个时代的悲哀，是科学的悲哀，是医学的悲哀。

七、多地建庙与后世之念

相传,华佗被曹操监禁后,在狱中写了封信给他妻子。妻子得到这个不幸的消息,便带着干粮,步行到许昌去探望华佗。

谯郡离许都五百多里地,她还没有赶到许昌,华佗就死了,他妻子哪里知道呢?她走呀,走呀,走了许多天。这一天,她走到离许都三十里地的一个村庄上,她向村民讨了点水喝,顺便问道:

"大爷!这里离许都多远?"

"不远,三十里地。"

"从哪里走?"

"从村西头官道向南直路到许都。"村民问她,"大嫂,你不是此地人?"

"我是谯郡人。"

"那你到许都干啥?"

"看望我丈夫。"

"你丈夫叫啥名字?"

"叫华佗,他是医生。"

"呀!华佗!"村民们止不住哭了。

华佗妻子问道:"你们哭什么?"村民用手指着庄西头沙丘上的新土堆,对华佗妻子说:"华佗已死在狱中了,那就是他的墓。"

华佗妻子听说丈夫已死,好似高楼失足,大海覆舟,放声大哭起来。她哭了三天三夜。全村的人被她的真情感动,一齐哭了,哭出的声音,许都都能听到。最后,华佗之妻哭死在丈夫的坟前。人们为了纪念她,将这个村庄改名叫"哭佗村"。

几年后,华佗的弟子吴普在自己的家乡广陵修建了华佗的衣冠冢,并立庙祭祀。关门弟子李当之也在陕西华山修建了一处衣冠冢。

自唐代,华佗庙开始出现,香火隆盛。人们希冀通过祭祀神医华佗,获得健康。天下敬奉医生的庙宇,尤其是民间供奉的,当数"华佗庙"最多、最普遍。

目前华佗墓在全国有8座。据有关人士考证:许昌华佗墓为华佗真墓;亳州、华山、扬州华佗墓为衣冠冢;徐州铜山、周口沈丘华佗墓为纪念冢;洛阳、项城两地华佗墓,没有葬于此地的古今佐证。虽各地传说不一,但历史上建这些墓冢的人,都是出于对华佗的爱戴与怀念。

漳州湘桥村(今湘桥社区)有一座华佗庙。当地的人称华佗为"华元仙祖",其庙为"仙祖庙"。庙宇为土木结构,依湘江而建,门口种着几棵古榕,占地近一亩,坐东北朝西南。

相传在明末的时候,漳州湘桥村的一些老百姓得了一种怪病,诊治无效,有人传是霍乱,一时引起恐慌,老百姓把治病希望寄托在神灵身上。有一天,有人得到神灵托梦,说要是从村旁溪水边的那棵榕树上摘一些叶子熬汤,喝了就会好。百姓照着嘱咐试做,果然把怪病治好了。有人说那托梦的神灵就是神医华佗。于是,村民们集资在村里榕树旁边建了一座庙宇,这就是现在的华佗庙。此后,漳州湘桥镇的村民把每年农历的十月十七作为"仙祖生日"进行纪念,该节日是漳州湘桥村最隆重的民俗活动。每逢农历正月十二,村民们还把华佗神像请到村里出巡,让各家各户祭拜。在漳州湘桥华佗庙里，前殿悬挂着一块"仙方妙著"的牌匾，该牌匾由清朝闽浙水师提督王得禄亲笔题字，并亲自从厦门护送到湘桥华佗庙。有诗赞道："独占青山不闭门，药香红烛绕寒人，百姓能不焚香拜，有病皆来求华神。"

在华佗的故乡安徽亳州，在华佗行踪所到之处，人们以多种形式纪念他。不仅城镇，甚至边远偏僻的乡村，也建立了不少华祖庙、华祖阁、华祖庵；有的还在敬奉关羽的关帝庙内供奉华佗的塑像，因为相传华佗曾为关羽刮骨疗毒，但实际上，历史上关羽手臂受伤时，华佗早已去世。

1949年后，为了纪念华佗这位伟大的医学家，更好地继承和发扬中医学遗产，安徽亳州和江苏沛县先后建立了两所华佗中医院。亳州市人民政府几次拨款重修华祖庵，并将其改名为"华佗纪念馆"，由郭沫若手书刻石。馆舍精巧玲珑，古色古香。

在后人的心目中，华佗是以生命为代价与强权和邪恶进行抗争的人。这很符合中国人的审美心理。在"强与弱""善与恶""正与邪"的二元对立中，历史的悲壮得以彰显，唤起了民众对华佗的钦慕、敬仰。

"华佗之死"已超越了实证主义历史的客观真实性。这个事件具有了审美学和伦理道德上的价值与意义，并在民众的集体意识中形成了种种永恒的观念。

华佗的意义，不在于他是一位好医生，而在于他是中国医学辉煌过去的代表。华佗的形象象征着人类追求自由和健康的精神诉求，是人类美好理想的寄托。

第六篇 大医之光

仰望星空,华佗早已化为中华医学文明的一颗巨星。

现在,华佗可谓家喻户晓。华佗的形象历经时间的洗礼,超越空间的限制,已经成为集真、善、美于一身,具有历史超越性的精神象征。由此我们不禁要问:为什么华佗的形象具有如此的魅力,越千年而熠熠生辉?在华佗形象的背后,究竟闪耀着什么样的"大医之光"?

一、华佗的医学哲学观

华佗在医学史上的突出贡献之一,是开创了中国古代医学哲学研究的新纪元。

哲学是人类认识万物万事基本运动规律的方法,也是处理事与物的辩证方法。所谓医学哲学,不仅指医学领域的独特思想,还涉及对人性和意义的深刻思考。华佗在医道方面,不仅开创了医学理论体系,更表现出对生命本质的认知。

现存题为华佗所著的《中藏经》,尽管一般认为是宋人的作品,只是用华佗的名字出版,不过也有一些人认为,其中包括当时残存的华佗著作的内容。

《中藏经》中的医学哲学思想理论主要表现为三个方面:

第一个论点是"人法于天地",即人一定要知天地四时之变化,人与百病、与天地四时有密切关系,只有法天,顺应天地之逆从,才有可能掌握百病的变化,料事如神。

《中藏经》说:"人者,上禀天,下委地,阳以辅之,阴以佐之。天地顺则人气泰,天地逆则人气否。"这就是"天人合一",或叫作"天人感应"。

《中藏经》强调,人体是一个整体,人体与自然处于和谐共处的大环境之中,所以"人之动止,本乎天地。知人者有验于天,知天者必有验于人。天合于人,人法于天,见天地逆从,则知人衰盛。人有百病,病有百候,候有百变,皆天地阴阳逆从而生。苟能穷究乎此,如其神尔"。所谓"逆"即矛盾产生,"从"则指和谐。

《中藏经》中第二个重要医学论点就是阴阳调神论。书中说:"天者阳之宗,地者阴之属。阳者生之本,阴者死之基。天地之间,阴阳辅佐者人也,得其阳者生,得其阴者死。阳中之阳为高真,阴中之阴为幽鬼。故钟于阳者长,钟于阴者短。"

《中藏经》认为,人之生命与阴阳有关,热为阳之主,寒为阴之主。只有阴阳平衡,人才得以安宁。天地间,阴阳寒热循环不息,人也应当根据风寒暑湿,阴阳运动,应时而行。所以《中藏经》说:"阴常宜损,阳常宜盈;居之中者,阴阳匀停。是以阳中之阳,天仙赐号;阴中之阴,下鬼持名。顺阴者多消灭,顺阳者多长生。逢斯妙趣,无所不灵。"

《中藏经》第三个重要医学论点就是五行生成论。五行,是中国古代哲学认识物质世界的一种方法。古人通过对各种物质基本特性的分析和归纳,认为宇宙万物都是由五种基本元素组成,即木、火、土、金、水,其中每个元素都有自己的特性,这是中医理论精髓之一。五行学说将人体各器官的功能最终归于一个整体,每个脏器的功能状态和活动情况不仅受到其他脏器的影响,也时刻影响着其他脏器。

《中藏经》强调整体观念,认为人体是一个有机的整体,不同部位之间相互联系、相互影响。疾病不是孤立的,而是整个人体系统的反应。在诊断和治疗疾病时,需要考虑到疾病的全貌,综合分析各种症状和体征,找出疾病的根本原因,以便进行有效的治疗。

除了《中藏经》,根据史书中所记华佗的医案,也能看出,华佗强调以人为本,注重患者的个体差异。每个人的体质和病情都是不同的,因此华佗在诊治过程中往往进行个性化的治疗,而不是简单地按照某种标准的治疗方案来进行。

此外,华佗注重患者的心理需求,在治疗过程中不仅关注疾病本身,也关心患者的身心健康,鼓励患者积极面对疾病,增强患者的自我调节能力。

华佗半身雕塑像(亳州中医文化博物馆)

华佗的医学哲学观还表现在他创制五禽戏,帮人们预防疾病上。

中医学历来重视疾病的预防。"治未病"的概念最早出现于《黄帝内经》,《素问·四气调神大论》中提出:"是故圣人不治已病治未病,不治已乱治未乱,此之谓也。夫病已成而后药之,乱已成而后治之,譬犹渴而穿井,斗而铸锥,不亦晚乎?"这里指出了"治未病"的重要意义。

人为什么生病,疾病到底是如何产生的?弄清了这个问题,我们就会更加清楚华佗"治未病"的意义和价值。

人作为活体,生活在复杂而多变的自然环境和社会环境中,同时，人作为区别于一般生物的高级动物，又有着极其复杂的思维、心理活动，因而人体的内在平衡时时刻刻都会受到自身和外界的影响。人体的防御体系、调节体系，是用于保证人体生命机能正常运行的。这两大体系共同铸造了人体抵抗和适应内外刺激的能力，中医学上把这种能力叫"正气"，把造成机体内在平衡失调的因素称为"邪气"。

中医学认为，任何疾病都是在一定的条件下，正邪相争，正不胜邪的结果。正气虚是发病的基础，邪气盛是发病的条件。因此，在人未病之前，调节人体活动，使人避免陷入正气虚的亚健康状态，是很重要的。

华佗重视预防保健，观察自然生态，教人以五禽戏锻炼，促进生命活动的和谐，防患于未然。对于病入膏肓的患者，他不加针药，坦然相告，也十分诚恳。

华佗的治病观点深深地影响了后人，也鲜明地表现了华佗治病的初心：不断提高自己的医学知识和技能，为人们的健康做出更大的贡献。

二、华佗的医学人文观

华佗是中华民族良医的杰出代表。

医学是人学，它不仅仅是人类关于自身形态、功能、代谢现象与规律，生理、病理、药理知识，诊疗、护理、康复技术体系的建构历程，也是生命中痛苦与关怀、苦难与拯救、职业生活中理性与良知搏击、升华的精神建构历程。因此，医学的精神向度是相当丰富的，而且是精彩的。

中国古代有"无德不为医"的说法，没有道德的人怎么担当得起病人以生命与健康相托的责任呢？我国的传统医学将医术称为仁术。

"仁"是仁爱之意。爱什么？自然是爱人。

一位伟大的医生一定是一位伟大的人道主义者。孙思邈曾写道："凡大医治病，必当安神定志，无欲无求，先发大慈恻隐之心，誓愿普救含灵之苦。"西方国家的古代医学亦是如此要求。《希波克拉底誓言》中便有医生应为病人谋幸福的话。《迈蒙尼提斯祷文》说得更清楚："启我爱医术，复爱世间人。"

华佗心有大爱。这种大爱是发自内心的仁慈、善良和赤诚。华佗生活在东汉末年，那时，军阀混战，水旱成灾，疫病流行，人民处于水深火热之中。

面对这种现实，华佗内心非常忧郁。一方面，他痛恨作恶多端的封建豪强、达官贵族，另一方面，他十分同情那些受压迫受剥削的百姓。他能做的，就是以一技之长，救治天下苍生。

华佗本来是个士人，可是他不忘从医的初心，不应征召，以医为业，以救死扶伤、济世活人为宗旨，行医一生，始终遵循生命至上的原则，处处替病人着想。如此仁爱之心，如春风拂面，温暖人心。

华佗循着前人开辟的途径，脚踏实地开创新的天地。例如，他发明了以酒服"麻沸散"的治疗方法和"五禽戏"这种健身方式。

乱世之中，到处可见因冷兵器受伤的军人，伤口在医学条件落后的情况下很容易感染，华佗研究出了能够让人失去知觉的麻药，帮助患者减轻了痛苦。

在华佗之前，已有人在战争、暗杀等方面使用过麻醉药，但用于动手术治病的却不多见。华佗总结这方面的经验，又观察人醉酒时的沉睡状态，发明了酒服麻沸散的麻醉术，从而大大提高了外科手术的技术和疗效，并扩大了手术治疗的范围。

在这个过程中华佗展现出了难得的仁爱，身为医生，他对病人的痛苦感同身受。

在战乱时期，受到最大伤害的往往是普通百姓。他们不仅要担心衣食住行，还要尽量避免生病。因为无钱医病，或是无医可医，一旦百姓感染了疾病，有些能自己寻找草药，没有任何医学经验的，就只能自己扛着，或是在一天天的煎熬中离世。

对此，华佗忧心忡忡，他寻思着，自创了用于保健的五禽戏，让缺医少药的百姓能够更好地预防疾病。

华佗看病不受症状表象所惑，不滥用药物，他用药精简，勤求博采，取法先贤，学贯儒道，诊疗俱精，为后世留下了宝贵的医学财富。

直到生命的最后时刻，华佗仍没有忘记行医的初心，用生命践行了救治天下苍生的使命。他的价值观在当今医学界仍然具有重要的指导意义。

三、华佗的医学教育观

华佗也是一位伟大的教育家。在悬壶济世的同时，华佗通过收徒教学的方式传承医术。

作为师傅的华佗，既重视言教，更重视身教，根据学生特点，因材施教，重视实践，知行合一。

在封建社会里，很多医生是不愿意教学生的。比如，长桑虽然将秘方传授给了扁鹊，却叮嘱扁鹊不要告诉别人。西汉的乘阳庆只教了淳于意一个弟子。在当时的社会环境下，人们互相抢饭碗，有"同行是冤家"之说。

为了不丢掉饭碗，有的医生便将技术秘而不传，就是家里人，也只传授给儿子，而不传授给闺女。有的医生纵然收了学徒，也不把全部本领讲授出来，自己总要留一手。这些保守思想，束缚了传统医学、药学的发展。

华佗却与众不同。他毕生培养了不少学生，对医学教育做出了积极的贡献。

华佗的弟子之中，成就尤其突出和有代表性的是三个人，即彭城的樊阿、广陵的吴普和西安的李当之。吴普著有《吴普本草》，李当之著有《药录》，樊阿喜针灸，这三个弟子后来均成为很有名望的医学家。

相传，曹操东征大破袁绍之后，班师途经故乡谯郡，颁布《军谯令》抚慰阵亡将士。军队休整时，华佗暂得返回家中，此时他就计划将自己多年的医学实践经验形成著作以嘉惠后学。不久，曹操头风痼疾复发，催促华佗回到他身边，华佗推托不得。于是，在临走之际，他对众弟子交代一番，临别施教。

华佗对各位学生说："学医难，行医难，医道传承更难。如今天下以从医为贱，生老病死仰赖医者，人们却又耻于以医为业，稍有学深者，多汲汲于功名，导致良医稀缺。幸有汝辈矢志不渝，救死扶伤，薪火相传，惠及天下。现为师作有一图，此图绘制匆忙，姑且示之，以待补充和完善。"

华佗取出一卷书简，展示给众弟子，但见书卷图文并茂，图上清楚标示人体各脏腑位置，文字明示人体运转规律。

华佗郑重地说道："天有阴阳五行，人有五脏六腑，如能通晓人体脏腑经络，则一通百通。故为师结合自己多年实践，绘制此图。五脏六腑三焦四海十二经脉，其部位曲折幽隐之处，观此图可以洞视，故本书名为《内照图》。"

弟子们看着华佗书稿，都深为叹服。华佗接着对照此图，又进行了讲解，吴普、樊阿等听后，心潮澎湃，感叹不已，为减师傅之忧，便宽其心曰："师傅请放心，师傅此去，如能研究出医治脑部痼疾良方，乃是善事一桩。我等将专心医学，等候师傅归来。"

华佗颔首称是，毅然踏上路途。

华佗作《内照图》的事，属于民间传说，不足为信。现存题为华佗所作的《内照图》被认为是伪作。不过，华佗精于外科手术，肯定有他的一套办法，来教会弟子脏腑位置。

华佗注重因材施教。他总是针对学生的兴趣爱好和专业特长，引导他们发展。

有一味治疗疟疾的药物叫作常山，华佗很重视它。相传，有一次，他问学生吴普："常山又叫什么？能治什么病？"吴普摇摇头说："过去没见过。"他又问学生李当之，李当之也说不知道。华佗很谦和地说："以前我没有给你们讲过。常山又叫恒山，它的苗叫作蜀漆，这是一味医治疟疾的药。"吴普和李当之圆睁着大眼睛望着老师，然后聚精会神记着笔记。

华佗又将药物的产地，开花结果的时间，采集和加工炮制的知识和技术，清清楚楚、详详细细讲给他们听。最后，华佗指出药物的特性和功用，联系临床治疗，说明药物的具体用法。

又有一天，华佗讲完沙参、麦冬、石斛等补阴药，带领学生去深山采挖辨认。来到崖坡下，他看见石缝间长着一种植物，开着丛丛的红花，叶子像竹叶。他问学生："那是什么？"李当之回答说："那是石斛。"吴普抢着说："对，石斛喜欢长在沙石上。"李当之又说："石斛五月生苗，茎像小竹，七月开花，十月结子，这是补阴益精的良药。"华佗听了，满意地点了点头。

对于学生没有弄懂的问题，华佗总是循循善诱地启发他们，直至他们搞懂弄通为止。

正是在老师的启发下，吴普和李当之都对本草学产生了浓厚的兴趣，竭尽全力，悉心钻研。

弟子樊阿专门跟从华佗学习针灸。华佗知道，要学好针灸，首先必须掌握人体的经络和腧穴（即穴位）。华佗把每一条经络起自哪里，止于何处，中间经过哪些部位，总共连接了多少个穴位，针刺每个穴位可治什么病，都交代得具体明白，乃至针灸的流程，进针的深度，捻转的轻重，都一一解说。在他的精心指导下，樊阿的针灸术进步很快，不仅全部掌握了老师所传授的知识，而且能够有所发挥，有所突破，在胸背部针灸方面突破禁区，达到了较好的治疗效果。

华佗还把体育锻炼的方法毫无保留地教给学生。

他曾教吴普五禽戏。当樊阿向华佗讨教可以服用而且对人体有好处的药方时，华佗把漆叶青黏散教给他。

樊阿和吴普依照老师传授的方法进行锻炼养生，结果都健康长寿。

为了将医学经验流传于后世，华佗晚年集中精力做医药研究，专心于医书的撰写，把自己丰富的医疗经验整理成医学著作，计有

《青囊书》《枕中灸刺经》等多部著作,可惜没能流传下来。好在还有这些有作为的学生,把他的经验部分地继承了下来。

华佗身上具有一种"传道、授业、解惑"的师者风范,对于集医、教、研于一身的华佗来说,教学是一种长期而不断的探索。

四、华佗的医学创新观

华佗的从医之路,实质上是一条探索之路、创新之路。他之所以能成为通晓各科医术的卓越医学家,除了他勤奋努力、苦心钻研外,最根本、最重要的是他大胆创新。

华佗高明之处,就是能批判地继承前人的学术成果,在总结前人经验的基础上,创立新的学说,在继承中创新,在创新中发展。

应用麻醉药来进行手术,这是华佗首创。华佗的医学创新成就,使古代中国在麻醉学和腹腔手术方面遥居世界前列。

在针灸方面,华佗发现了华佗夹脊穴,把针灸学说推进到前所未有的高度。他用针灸为曹操治顽固的头风病,效果显著。

在妇产科方面,华佗更是大胆地施行外科手术,以确保孕妇的生命安全。在当时,外科是不被认同并很少有人涉及的,华佗坚持自己的想法,并以事实去检测自己的诊断是否正确,这种探索创新的精神令人钦佩。

华佗除系统地接受古代的医疗经验外,还能很好地重视和应用民间的医疗经验,在实践中创新。

由于长期在民间行医,华佗在接触百姓时,形成了朴素的唯物主义自然观,注重实践,勇于创新。他一生游历了不少地方,到处采集草药，向群众学习医药知识。他的徒弟吴普、李当之对药物学很有研究，有不少创新性的贡献，徒弟这些成就，肯定与华佗的教导分不开。

在诊断方面，华佗能巧妙地运用眼看、耳听、候脉、问病等方法来诊断疾病。华佗还能通过望诊断定患者有无生命危险，这足以证明他在诊断方面的能力。

华佗注重借鉴自然界的现象。他发明、创造了五禽戏，让人们得以通过五禽戏锻炼身体。

华佗把前人遗留下来的医学经验，细心地加以整理和研究，他生平的著作不少，可惜绝大部分没有流传下来。

在华佗光辉形象的背后，在他毕生的医疗实践中，我们感悟到了他所呈现出的精神：大医精诚、普救众生的博爱精神，淡泊名利、卓尔不群的超然精神，勇于实践、善于创新的求真精神，博采众长、笃学精进的治学精神，择优而教、奖掖后学的传承精神。

这种精神业已成为一种文化象征，是中华民族的文化符号，为后世传颂、推崇和学习。

后记 感悟大医精诚

我为什么写华佗？有朋友曾多次问我，因为在我的写作生涯中，绝大多数时候写的是我党我军历史上的重要人物，而华佗，是一个历史人物，更是一个传说人物。有关他的不少史实，至今学术界还争论不休，如他的去世时间、麻沸散的成分、他的家世及双亲的情况、他与曹操的关系及死因等。写这样的一位"神医"，特别是用今天的目光来审视他、端详他、触摸他，显然是有一些难度的。

那么，我又为什么写华佗呢？并不是因为他是人们常说的安徽名人之一，而是因为华佗是中华民族中医发展史上一位非常重要的人物，他与中医文化有着特别重要的关系。我们走近华佗、理解华佗、学习华佗，实质上就是走近、理解、学习中医文化，感悟大医精诚。

2019年的春天，我在写作《健康丝绸之路：中国国际卫生合作纪实》一书的过程中，采访和接触了不少中医专家，我也曾到华佗的故里亳州等地参加中医文化论坛。能够有机会写一写中医名家华佗的故事，我感到十分荣幸。

华佗：苍生大医的人生传奇

我一直认为，中医药是中华民族灿烂文化的重要组成部分。中医文化是中国本土产生的具有悠久历史的宝贵财富，蕴含着中华民族固有的精神、思维和文化的精华，包含着大量的知识成果和实践技艺，凝聚着中华民族强大的生命力和创造力，亦是国家软实力的重要体现。

对于华佗，我认为他是传统中医药的代表人物。在中国，一提到医生，人们总会想起华佗，"华佗再世"这个词就是证明。至今，在普通百姓的记忆里，华佗仍然是那个不慕富贵、一心为民看病的"赤脚医生"。他不穿金戴银，衣服也和普通大众类似，住的是简陋的草房。在亳州街头，华佗的塑像很接地气，经历了那么多风雨，依然笑容可掬，平易近人，有种让人如沐春风的感觉。

大道至简，精神至盈。华佗备受世人景仰，不仅仅由于他在"医、药、养生"三方面的医学成就，更由于他在长期医疗实践过程中塑造出了伟大的精神。

唐代孙思邈在《备急千金要方》中写道："凡大医治病，必当安神定志，无欲无求，先发大慈恻隐之心，誓愿普救含灵之苦。若有疾厄来求救者，不得问其贵贱贫富，长幼妍媸，怨亲善友，华夷愚智，普同一等，皆如至亲之想，亦不得瞻前顾后，自虑吉凶，护惜身命。见彼苦恼，若己有之，深心凄怆，勿避险巇、昼夜寒暑、饥渴疲劳，一心赴救，无作功夫形迹之心。如此可为苍生大医，反此则是含灵巨贼。"

华佗心系苍生，精研医道，完美诠释了大医精诚的深刻内涵。我感到，孙思邈的这段千古名言仿佛就是写给华佗的，华佗就是孙思邈所言的"大医"。

华佗一生悬壶济世，为民行医，长期生活在民间，与下层百姓打成一片。他的病人主要是下层的普通民众及无名走卒,还有基层小吏。他丰富的医药知识与高超的医疗技术主要来源于民间,也成就民间。

在上层统治者眼里,华佗身份低微,只是一个卑贱的"鼠辈""小人",他与统治阶层有种天然的距离,却让下层百姓感到亲切。

正因为华佗是个十足的草泽医生,他的从医生涯是在不幸与有幸的缝隙里穿梭,顽强地生存下来,他才如此珍惜生命、敬畏生命,如此悲悯、同情和关怀百姓。

华佗在接触病人时,总是一心一意,别无二念,不考虑个人得失,以治好病为第一要务,不管贫富贵贱,不管老弱病残,一律平等看待;他视病人为亲人,把病人的病痛当作自己的病痛,既不摆架子,也不推脱如此大爱,令人敬佩。

华佗从医人的"神医"到医心的"仁医",最终成为拯救天下的苍生"大医",早已成为中华文明的一个符号,成为今天中华医学的宝贵财富。

千百年来代代相传的华佗故事,虽是正史与传说相掺,医学与文学融合,却把华佗塑造得比历史上更加至情至性、至善至美。杏林圣手、国药泰斗、养生宗师、学术大家、妙手神医……作为历史人物的华佗在民间传说、小说家言、方志典籍的众星捧月中,成为中国的医学之神,这寄托着人类对生命健康的永恒向往、对人性光芒和人道情怀的深情呼唤、对苍生大医的虔诚礼赞。

"庙祠巍巍兮松柏苍苍,华祖医德兮万世其芳。"2023年9月9日上午,华佗诞辰1896周年祭祀典礼在华祖庵景区举行。

作者罗元生参加2023年国际（亳州）中医药博览会（罗浩摄于2023年9月）

当天，我怀着崇敬之心情，在中医药博览会开始之前专程参加了这次活动。

上午8时18分，华祖庵元化草堂大殿前，随着庄严肃穆的古乐声响起，祭祀典礼正式开始。经过敬献四宝（亳芍、亳菊、亳桑皮、亳花粉）、明烛、敬香、奠酒等礼节后，主祭员恭诵华佗诞辰1896周年祭文。随后，参加祭祀的人员全体肃立，行拜礼，向华佗像三鞠躬，表达对神医华佗的崇敬和缅怀之情。

当地还特别请一些儿童装扮成小药童，手持书简，齐声朗诵《华佗颂》，以弘扬华佗悬壶济世、大爱无疆的精神。

大医昭日月，青囊惠神州。一种文化，经久不衰；一种精神，恒久流芳。经过历史沉淀，华佗形象已成为引导医者行为、思想的道德力量。在历史的转折点，仰望苍穹，华佗这位中华民族历史上的"神医"，将永远闪耀在祖国医学辽阔的星空。

罗元生

二〇二三年十月十二日于北京（第一稿）

二〇二四年二月十四日于北京（第二稿）

主要参考书目

1.李经纬:《中医史》,海南出版社,2015。

2.黄红中:《常用中药材识别应用图册》,广东科学技术出版社,2015。

3.周亚东、李新军:《华佗医学文化研究》,黄山书社,2015。

4.周美启、时光:《神医华佗》,学苑出版社,2022。

5.(美)阿图·葛文德:《医生的修炼:在不完美中探索行医的真相》,浙江科学技术出版社,2023。

6.王一方:《医学是什么》,北京大学出版社,2011。

7.(美)悉达多·穆克吉:《医学的真相》,中信出版社,2016。

8.高金声:《愿善良成为医学的灵魂》,中国协和医科大学出版社,2014。

9.胡大一:《漫谈双心医学》,中国轻工业出版社,2017。

10.黄山、魏大林、张容超:《中医妇科学(供中医学专业用)》,中国中医药出版社,2019。

11.黄山、何玲、张容超:《临床中医适宜技术(供中医学专业用)》,中国中医药出版社,2020。

12.王宝林:《中医特效处方集》,中医古籍出版社,2017。

13.王宝林:《中医特效处方集2》,中医古籍出版社,2018。

14. 中国人民解放军原总后勤部、原卫生部：《中医学基础与新医疗法（军医试用教材）》，中国人民解放军战士出版社，1974。

15. （美）劳里·加勒特：《逼近的瘟疫》，杨岐鸣、杨宁译，生活·读书·新知三联书店，2008。

16. 唐云：《走近中医：对生命和疾病的全新探索》，广西师范大学出版社，2004。

17. 詹文格：《寻路中医》，安徽文艺出版社，2020。

18. 刘力红：《思考中医》，广西师范大学出版社，2006。

19. 艾宁：《问中医几度秋凉》，中国中医药出版社，2009。

20. 萧宏慈：《医行天下》，广东人民出版社，2019。

21. 张永和、张婧：《大国医施今墨》，华文出版社，2021。

22. 郁东海等：《中医故事》，上海科学技术出版社，2017。

23. 郁东海等：《中医名人、传说与医事》，上海科学技术出版社，2017。

24. 郁东海等：《中医趣案（上、下）》，上海科学技术出版社，2017。

25. 郁东海等：《中医医话》，上海科学技术出版社，2017。

26. 郁东海等：《中医医理与方药》，上海科学技术出版社，2017。